정재승 글

KAIST에서 물리학으로 학사, 석사, 박사 학위를 받았습니다. 예일대학교 의과대학 정신과 박사후 연구원, 고려대학교 물리학과 연구교수, 컬럼비아대학교 의과대학 정신과 조교수를 거쳐, 현재 KAIST 뇌인지과학과 교수로 재직 중입니다. 우리 뇌가 어떻게 선택을 하는지 탐구하고 있으며, 이를 응용해서 로봇을 생각만으로 움직이게 한다거나, 사람처럼 판단하고 선택하는 인공지능을 연구하고 있습니다. 쓴 책으로는 〈정재승의 과학 콘서트〉(2001), 〈열두 발자국〉(2018) 등이 있습니다.

차유진 글

과거 엄청난 사건으로 엉망이 되어 버린 아우레를 어떻게 하면 멋진 행성으로 되돌릴 수 있을까, 매일 고민하는 걱정쟁이 소설가. 계원예술대학교와 한국콘텐츠진흥원 등에서 스토리 작법을 가르쳤고, 〈레너드 요원의 미스터리 보고서〉 시리즈를 기획했습니다. 〈애슬론 또봇〉, 〈정글에서 살아남기〉, 〈엉뚱발랄 콩순이와 친구들〉 등 다수의 TV 애니메이션 시나리오를 쓴 건 비밀 아님. 《알렉산드로스, 미지의 실크로드를 가다》(2012), 《우리 반 다빈치》(2020) 등 여러 권의 책을 펴냈습니다.

김현민 그림

일찍이 유럽으로 시장을 넓힌 대한민국의 만화가. 대학에서 산업디자인을 전공한 뒤 어릴 때 꿈을 찾아 만화가가 되었습니다. 프랑스 앙굴렘 도서전에 출품한 것을 계기로 프랑스 출판사에서 《Archibald 아치볼드》라는 모험 만화를 만들고 있습니다. 인간이 아닌 괴물이나 신기한 캐릭터 등 상상력을 발휘할 수 있는 그림을 좋아합니다. 지구와 아우레를 오가며 재미있는 그림을 그리느라 몸은 지구에서 벗어날 수 없지만, 머릿속은 항상 우주의 여행자가 되고 싶은 히치하이커.

백두성 감수

고려대학교에서 지질학으로 학사, 고생물학으로 석사 학위를 받고 박사 과정을 수료했습니다. 2003년 서대문자연사박물관 건립부터 함께하며 학예사로 활동하였고, 2013년부터는 전시교육팀장으로 지질 분야 전시 및 교육, 표본 수집을 하고 광물과 화석에 대한 기획전을 개최했습니다. 도서관 과학 강연 "10월의 하늘"로 오랜 시간 대중에게 과학을 알려왔고, 다수의 어린이책을 감수했습니다. 노원천문우주과학관 관장을 지내며 지구와 우주의 역사를 연구했습니다.

어린이를 위한 호모 사피엔스 뇌과학

5 용감한 전사 네안데르탈인

글 차유진 정재승 | 그림 김현민 | 감수 백두성

아울북

펴내는 글

《인류 탐험 보고서》를 시작하며

시간 여행으로 지구의 과거들을 넘나들며 좌충우돌 탐험하는 라후드와 라세티의 매력 속으로

《정재승의 인간 탐구 보고서》, 재미있게 읽고 있나요? 아우레 행성에서 온 아우린들과 함께, 우리 '인간'들을 잘 관찰하고 있지요? 외계인의 눈으로 인간을 탐구하는 세상의 모든 독자 여러분들께 머리 숙여 진심으로 감사드립니다. 꾸벅.

많은 독자들이 《인간 탐구 보고서》를 읽고 또 즐겨 주시면서 라후드의 인기가 점점 치솟고 있습니다. 아우레 행성의 외계문명탐험가 라후드는 볼수록 매력적입니다. 빨리 걷는 건 너무 싫어하고요, 그냥 가만히 앉아서 생각하는 것을 훨씬 더 좋아하죠. '인간들은 참 이상하다'고 투덜거리면서도, 항상 인간에 대한 호기심으로 가득 차 있고 심지어 인간들을 점점 닮아갑니다. 이미 입맛은 거의 지구인일걸요! 게다가 매사 합리적인 아우린이지만, 점점 감정적인 인간들에게 조금씩 끌리는 것도 같습니다. 이 덩치 큰 허당 외계인 라후드는 인간을 관찰하면서 인간들을 더 깊이 이해하고 결국 사랑하게 되지 않을까 조심스럽게 기대하게 되는, 정이 가는 외계인입니다.

라후드의 조상을 만나다

그래서 저희가 라후드를 사랑하는 독자분들을 위해 '선물'을 드리는 마음으로《인류 탐험 보고서》를 출간하게 됐습니다. 아우레 행성의 탐험가들은 어떻게 해서 우리 곁에 오게 됐는지 그 과거로의 여행을 보여 드리고자 합니다. 원래 아우레는 인공 항성을 만들어 에너지를 얻고 공간을 관통하는 웜홀도 자유자재로 성성해 내어 다른 은하계까지 마음대로 여행할 수 있을 만큼 놀라운 문명을 가지고 있었거든요. 그런데 지구에서 데려온 생명체 '쿠'라는 녀석 때문에 한순간 아우레 행성은 멸망의 위기에 빠지고 말죠. 결국 아우레를 구하기 위해 라후드의 조상 라세티는 300만 년 전 지구로 떠나게 됩니다.

수만 년 전 혹은 수백만 년 전, 지구는 어떤 모습이었을까요? 그 속에서 인류의 조상들은 어떻게 살고 있었을까요? 외계인들도 신기하지만 그 시기의 인간 조상들도 매우 낯설게 느껴지겠지요?《인류 탐험 보고서》에서는 원시적인 인류의 조상 호미닌들을 만난 최첨단 시간여행 탐험가 아우린들의 흥미로운 모험담이 펼쳐집니다.

뇌과학에서 생물인류학으로

《인간 탐구 보고서》에서 아우레 탐사대와 함께 지구인들을 관찰하면서 뇌과학의 정수를 맛보고 계신 독자분들께 이번에는 '생물인류학'을, 좀 더 정확하게 말하자면 '고고신경생물인류학'이라는 학문을 소개하려고 합니다. 라후드의 조상 라세티가 우주선을 타고 시간 여행을 하면서 지구에서 만나게 되는 건 지금의 우리가 아니라 우리의 조상들이니까요.

이 책에선 라후드의 조상만이 아니라 우리의 조상들이 등장합니다. 지금의 인간이 아닌, 수만, 수십만, 수백만 년 전의 호미닌(Hominin, 현생인류 혹은 현생인류와 가까운 근연종들을 일컫는 말)은 어떤 뇌를 가지고 있었으며, 어떻게 진화해 지구에 생존하게 됐는지 뇌과학적이면서도 인류학적인 관점에서 보여 드릴 겁니다. 또 신경생물학적인 원리들을 이용해서 인류의 과거를 머릿속으로 '상상'해 내는 과정을 여러분들에게 직접 보여 드릴 거예요. '고고신경생물인류학'이라니, 이름만 들어도 무지 어렵고 복잡하고 무시무시해 보이지만, 실제로 이 학문을 통해서 우리는 수만 년 전의 인간이 어떻게 살았는지에 대해 흥미로운 답을 찾아낼 수 있습니다.

역사를 좋아하는 어린이들과 청소년들에게 상상력을!

《인류 탐험 보고서》는 뇌과학을 좋아하는 어린이들만이 아니라 역사를 좋아하는 청소년들까지도 즐길 수 있는 책일 거라 확신합니다. 역사는 인문학이고 과학과는 상당히 멀게 느껴지지만, 사실 역사야말로 굉장히 과학적인 학문이에요. 역사적인 사료나 그 시기의 작은 단서들만으로 인류 조상들이 수만 년 전에 어떻게 살았는지 머릿속으로 상상하고 역사적인 사실을 복원해 내거든요. 그러기 위해서는 그 시절에 사용했던 그릇 하나로 그 시대 사람들의 일상을 추적하는 과학적인 사고가 매우 필요합니다. 그래서 저는 '생물인류학'이야말로 그 어떤 학문들보다도 근사한 과학이라고 생각합니다. 여러분들이 이 책을 통해 그 과학의 정수를 맛보았으면 좋겠습니다.

   이 책에 등장하거나 묘사되는 인류 조상들의 모습은 우리가 정답처럼 받아들여야 하는 절대적인 사실 혹은 진리가 아닙니다. 현재 남아 있는 뼛조각, 두개골의 모양, 그리고 그들이 남겨 놓은 유적과 유물, 이런 작은 단서만으로 "그 당시 인류는 이렇게 살았을 것이다."라고 추측한 것일 뿐입니다. 잘못된 부분이 있다면 여러분들이 고쳐 주세요. 오늘날의 과학 수사대가 사건 현장의 단서만으로 범인을 추적하는 것처럼, 여러분들 모두가 생물인류학 '탐정'이 돼서 과거 조상들을 머릿속으로 그려 보고 중요한 단서들을 해석해 주세요. 저는 그 상상력의 힘이 여러분들을 훌륭한 과학자의 길로 인도하리라 믿습니다.

우리는 어디서 왔을까? 우리 문명은 어떻게 가능했을까?

   최근에 뇌과학자들은 우리 인간들과 다른 유인원들 사이의 흥미로운 차이점을 발견했습니다. 우선 놀랍게도, 두세 살 정도의 어린 시절에 우리 인간들은 대형 유인원들, 그러니까 오랑우탄이나 침팬지, 고릴라 같은 존재들과 지능적으로는 별로 차이가 없다는 것입니다. 그들도 우리 못지않게 지능적으로 발달해 있고, 우리만큼 여러 가지 지적인 행동들을 한다고 합니다.

그렇다면 어떻게 우리는 이렇게 거대한 지적 문명을 이루고 복잡한 현대사회를 만들어 냈을까요? 또 호모 네안데르탈렌시스나 호모 에렉투스, 호모 하빌리스 같은 우리의 가까운 친척들은 왜 지금까지 생존하지 못하고 모두 멸종했을까요?

이 질문에 단서를 찾기 위해서는 과거 호모 사피엔스들의 뇌가 대형 유인원들과 무엇이 달랐고, 또 이미 멸종한 다른 호미닌들과는 무엇이 달랐는지를 찾아봐야겠죠. 흥미로운 것은 우리가 그들보다 뇌의 크기가 커서 이렇게 근사한 문명을 만들어 낸 줄 알았는데, 사실 뇌의 크기는 중요한 게 아니었다는 겁니다. 오히려 서로 흉내 내고 함께 도와주면서 사회적으로 학습하는 능력, 그러니까 내가 알고 있는 걸 친구들에게 가르쳐 주고, 내가 모르는 걸 친구들로부터 배우면서 같이 협력하는 것이 약하디약한 인간이 이 위대한 문명을 만드는 데 아주 결정적인 기여를 했다는 걸 과학자들이 조금씩 알게 됐습니다.

저는 이런 인류의 진화 과정을 어린이들과 청소년들에게 가르쳐 주고 싶었어요. 인류에게 지난 수십만 년 동안 벌어져 온 일들이 지금도 여러분들의 뇌에서 벌어지고 있다는 걸 일러 주고 싶었어요. 그렇게 친구들끼리 서로 돕고 함께 학습하는 능력이 우리 호모 사피엔스의 위대함이라는 사실을요!

생물인류학으로 다시 만든 과거 속으로!

《인간 탐구 보고서》가 현재 우리의 모습을 이해하기 위해 뇌과학과 심리학의 입장에서 우리의 현재 모습을 낯설게 관찰하기를 시도했다면, 《인류 탐험 보고서》에선 여러 유인원들 중에서 오직 호미닌만이, 그중에서도 호모 사피엔스만이 고도의 문명을 이루게 된 배경을 외계인의 시선으로 다시 한번 들여다볼 예정입니다.

아주 낯선 인류 조상과 친숙하면서도 낯선 외계인들의 만남이 만들어 낼 좌충우돌 이야기 속에서 우리의 과거를 흥미롭게 만나 보시길 기대합니다. 사랑스런 라후드의 조상이 시간을 거슬러 탐험하는 과정에서 여러분도 인류의 과거를 발견하고 탐험하게 될 것입니다.

저는 《인류 탐험 보고서》에서 세상의 모든 어린이들과 청소년들이 '보이지 않는 과거를 과학적으로 상상하는 능력'을 가졌으면 좋겠습니다. 그것이 우리 삶을 더욱 풍성하게 해 줄 것입니다. 138억 년 동안 진화해 온 우주 속에서 100년 남짓 살아가는 작은 생명체 지구인들이 누릴 수 있는 가장 고상한 경험은 '수십만 년 동안 살아온 인류의 과거를 생생하게 상상하는 경험'일 테니까요.

자, 함께 탐험을 떠나 보자구요!

정재승 (KAIST 뇌인지과학과 교수)

차례

프롤로그 14
창문 밖의 이야기

라세티의 탐사일지 146
다섯 번째 보고서, 20만 년 전 지구를 헤엄치다

- **1화** 네 안에 나 있다 ………………………… 20
- **2화** 네안에나의 두 얼굴 ………………… 36
- **3화** 슬픔의 노래 …………………………… 54
- **4화** 방귀 대장 라세티 …………………… 72
- **5화** 복수의 괴물 사냥 …………………… 92
- **6화** 풍덩! 바닷속으로 …………………… 108
- **7화** 빠른바다 괴물의 습격 ……………… 126

위대한 라세티의 모험

by 라세티

얘들아, 다들 오랜만이야!
드디어 내 차례가 돌아왔네.

다른 대원들의 이야기를 다 듣고 나니까 어때?
역시 내가 해 주는 모험 이야기가 가장 재미있지! 이히히.

그런데 이전 이야기들을 들어 보니 다들 자기 위주로만 말해서,
이 라세티 님이 얼마나 대단한 존재인지는
제대로 들려주지 못한 것 같더라고.

게다가 이제 내 새로운 부하까지 모험에 합류했으니,
주인님이 된 이 몸이 한 번 더 정확히 정리해 줄게!

자, 이 라세티 님이 그사이 얼마나 더 위대해졌는지
한번 들어 보라고.

안녕, 내 이름은 **라세티**!
특기는 새 친구 사귀기지. 진실한 눈 맞춤 3초면
누구의 마음이든 활~짝 열 수 있거든.
너희도 나와 눈을 맞추면 금방이라도 반짝이는
내 눈동자에 퐁당 빠져 버릴걸?
가끔 마음의 상처를 받아 우울해지기도 하지만,
금세 다시 쌩쌩하게 돌아오는 아주 강력한
긍정 에너지를 가지고 있어!

이 친구의 이름은 **캔**.
우리는 무려 3,800년째 절친이야.
함께 지낸 시간이 어찌나 긴지, 우주에서 가장
지독한 내 방귀쯤은 대수롭지 않게 넘길 정도로
진득한 우정을 자랑하지!
화려한 걸 좋아하고 관심을 안 주면 금방 토라져
버리는 성가신 성격이긴 해도, 옆에 없으면
얼마나 허전한지 몰라.

우리 우주선의 선장, **쿠슬미**야.
아우레 최고 엔지니어답게, 추리력도 관찰력도 정말 끝내줘. 아무도 몰랐던 우주의 어떤 비밀을 풀어낼 정도거든! 평소에는 차분하지만 운전대만 잡으면 180도 돌변해 버려서, 쿠슬미의 우주선에 탈 땐 큰 용기가 필요하는 사실.

빠다 관장님은 우주의 모든 외계인 중 가장 방대한 지식을 보유한 천재 과학자야. 관장님은 지구 역사를 망치지 않기 위해 언제나 조심, 또 조심하지만, 새로운 생명체만 만나면 눈을 반짝이며 연구하고 싶어 하셔. 과학자의 본능은 관장님도 어쩔 수 없나 봐.

여긴 내 부하 **인피니티**야.
원래는 빠다 관장님과 함께 대도서관 키벨레를 지키던 인공 지능 슈퍼컴퓨터였는데, 지금은 내게 충성을 맹세했지. 그런데 이 녀석, 나를 미끼로 쓰고, 내 친구를 다치게 하기까지! 주인님한테 이래도 되는 거야?!

자, 그럼 다시 시작한다!
그 창문에 붙은 생명체가 말이야….

프롤로그

창문 밖의 이야기

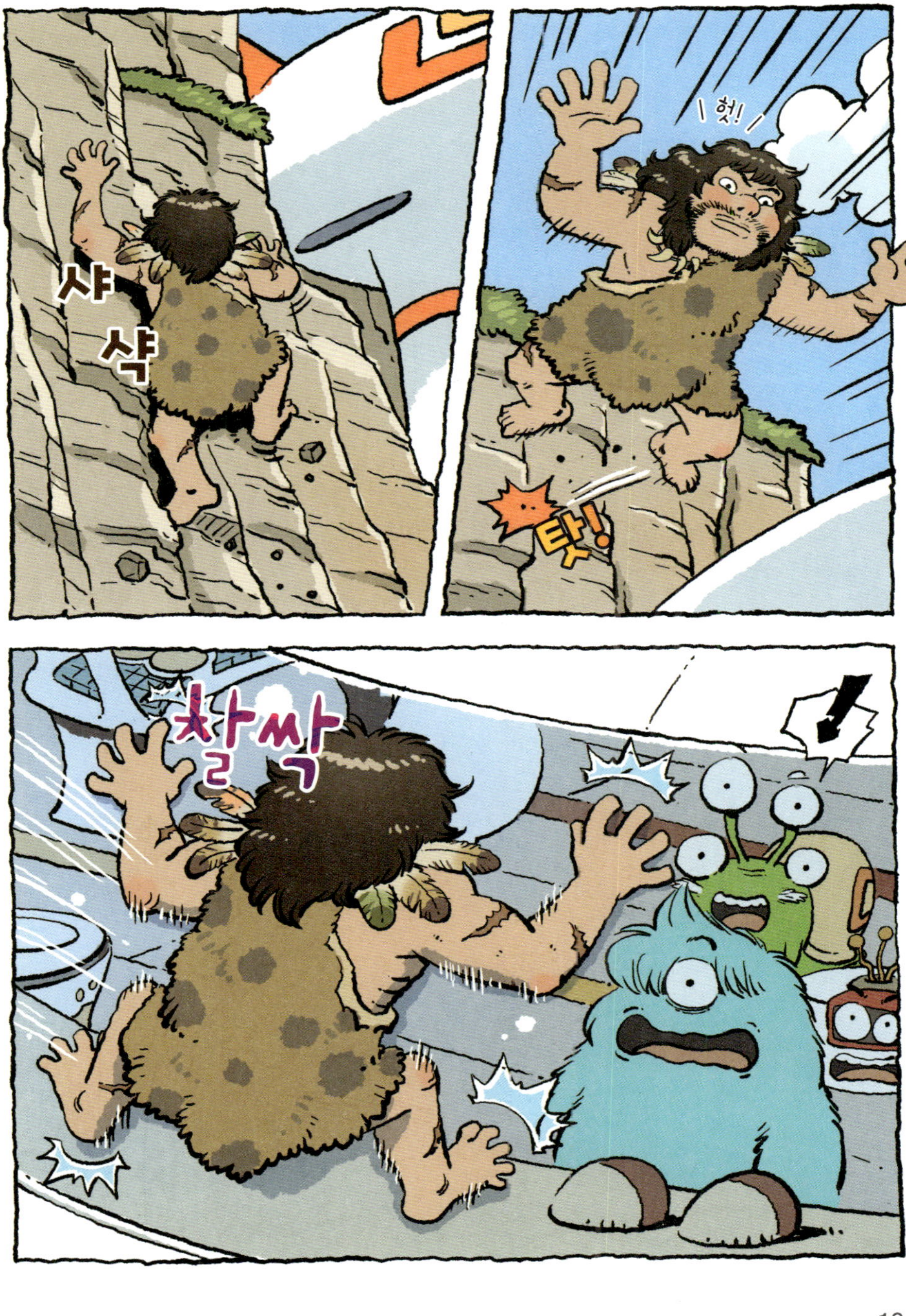
샤
샥
헛!
탓!
찰싹

1화

네 안에 나 있다

아우리온은 생각보다 더 지구 생명체들의 눈길을 사로잡는지도 몰랐다. 이번에도 그들이 먼저 탐사대를 발견했으니까.

창문에 매달렸던 지구 생명체는 곧 눈앞에서 사라졌다.

"어디로 갔지? 왜 이리 조용해?"

"내가 살펴볼게."

라세티가 출입문에 난 유리창으로 바깥을 내다보았다. 풍경이 먼저 시야에 들어왔다. 바닷가였다. 파도가 거세고, 왠지 스산한 느낌도 들었다. 절벽 밑으로 동굴이 보였다. 동굴 안에서 두 발 생명체들이 머리를 빼꼼 내밀고 이쪽을 보고 있었다.

그중 어린 두 발 생명체들과 눈이 마주친 라세티가 갑자기 분주해졌다.

기획·감수한 시리즈 🔍

그리스 로마 신화 소개 영상 보기

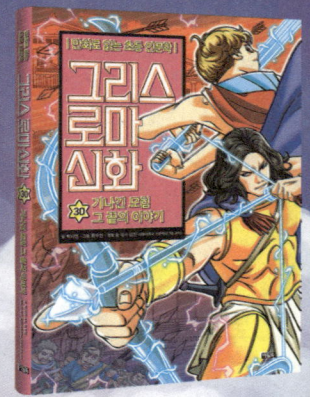

나를 찾고 세상을 발견하는
최고의 인문 고전
그리스 로마 신화
시리즈 1~30권 (계속 출간 중)

그리스 로마 신화가 지금의 우리에게 주는 메시지
그리스 로마 신화는 여러 시대를 거쳐 오늘날까지 이어져 온 인류의 위대한 정신이자 지식의 창고, 상상력의 원천입니다.

정재승의 인류 탐험 보고서

시공간을 초월한 외계인들의
인류 역사 탐험

- 뇌과학+생물인류학
- 수백만 년 전 과거의 지구
- 인류의 조상, 호미닌
- 호미닌 여행기 대형 유인원 이야기

제가 만약 단 한 권의 어린이 책을 낸다면,
그 책은 우리의 마음을 헤아릴 수 있는 뇌과학을
아이들에게 가르쳐 줄 수 있는 책이었으면
하고 생각했습니다.

카이스트 뇌인지과학과
정재승 교수

벌거벗은 세계사 소개 영상 보기

각 분야 최고 전문가들
아울북 베스트셀

초등학생이 꼭 알아야 할
필수 세계사
온 가족이 함께 보는
최고의 프로그램

tvN 벌거벗은 세계사

**드디어 어린이 책
시리즈로 만나다**

1~2권 (계속 출간 중)

아주대학교 사학과
박구병 교수

새롭게 태어난 〈벌거벗은 세계사〉는 어린이들에게 변하지 않는 교훈을 전해 줍니다. 세계가 어떻게 연결되어 있는지 알면 더 넓은 세상이 펼쳐질 것입니다.

정재승의 인간탐구보고서

이웃집 외계인들의
우당탕탕 지구인 관찰기

| 뇌과학+심리학 |
| 현재의 지구 |
| 현재의 우리 |
| BRAIN MAP 호르몬 지도 |

 인간 탐구 소개 영상 보기

 인류 탐험 소개 영상 보기

크리처스 소개 영상 보기

신라의 괴생명체가 깨어난다
『크리처스 : 신라괴물해적전』
장인 편 완결 (2022년 11월 2권 출간)

"고대 문헌 속 신비로운 괴물 이야기와 해적들의 기상천외한 모험담이 펼쳐질 것입니다. 학업에 바쁜 청소년들에게 이 소설이 작지만 큰 쉼표가 되었으면 합니다."

괴물 수집 전문가
곽재식 작가

카카오프렌즈, 자연을 누비는 탐사요원이 되다!
첫 탐사 지역은 세계에서 가장 넓은 아마존 열대우림!

런칭기념 1권 특별 부록
① 탐사요원 비밀 노트
② 카카오프렌즈 캐릭터 스티커 (초판 한정)
③ 2023 달력 포스터 (초판 한정)

자연과 생태, 기후와 환경을 탐사하는 학습만화 시리즈

자연탐사 소개 영상 보기

세계역사문화체험 소개 영상 보기

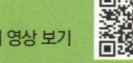

마법천자문 55권 출간!

초판 한정 부록 증정
캐릭터 입체 퍼즐
(초판 소진 시까지)

이시원의 영어 대모험 소개 영상 보기

이시원 선생님과 아울북이
함께 만든 신개념 영어 학습 만화!

이시원의 영어 대모험

시리즈 1~17권 (계속 출간 중)

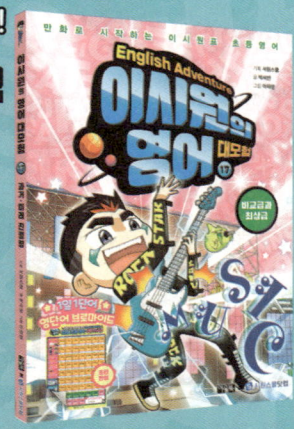

영어를 시작한 아이에게는
영어 자신감을,
영어가 지겨운 아이에게는
영어 힐링을!
영어가 안 되면~ ♪♬
〈이시원의 영어 대모험〉!

대한민국 대표 영어 교육 전문가
이시원 선생님

속보! 시리즈 누적 200
대체불가 초베

GO GO 카카
자연탐사 새 시

안 본 사람은 있지만,
한 권만 본 사람은 없다는
바로 그 학습만화!

Go Go 카카오프렌즈 자연탐사
글 조주희 그림 김정한 기획 김미영

① 아마존 ② 사하라 (2023.1 출간 예정) ③ 갈라파고스 (2023.4 출간 예정)

Go Go 카카오프렌즈 시리즈는 계속됩니다.

© Kakao

캔은 대책 없는 라세티의 태도에 황당하다는 듯 말했다.

"너, 우리가 지구의 두 발 생명체들을 많이 만나서 친해졌다고 여기는 모양인데, 원래 이렇게 방심했을 때 사고 난다. 자바바라가 살던 시대보다 130만 년이나 뒤로 왔는데, 그새 지구 생명체가 어떻게 변했을 줄 알고? 저 녀석들이 사납게 진화했으면 어쩌려고 그래? 엉?"

"캔 말이 옳다. 우린 두 발 생명체가 친숙할지 몰라도, 저들은 우리를 처음 만나는 거야. 녀석들이 어떻게 나올지 섣불리 단정하지 마라."

빠다까지 캔을 거들자 라세티는 흥, 하고 콧방귀를 뀌었다.

"보나 마나 뻔하죠. 저 천사 같은 얼굴 보세요, 얼마나 얌전해요? 그러지 말고 빨리 만나러 가 브아으아……."

덜덜덜, 갑자기 아우리온 전체가 흔들리며 천장에서 쿵쿵거리는 소리가 울렸다.

"흐아아, 이거 왜 이래애?!"

인피니티가 곧바로 문제 상황을 분석했다.

"아우리온 상부에 지구 생명체 감지. 지속적 충격으로 우주 전파 안테나 경미한 파손. 좌측 날개 추진 장치 흔들림. 지금 즉시 아우리온에 들러붙은 이물질들을 가차 없이 제거하겠습니다."

"인피니티, 동작 그마~안!"

라세티가 이번엔 인피니티에게 의견을 물었다. 그러자 인피니티는 웃는 얼굴을 화면에 띄우며 말했다.

"어린 두 발 생명체가 가하는 충격량으로 이들의 근력을 계산해 본 결과, 이전 지구 생명체보다는 강하지만, 제압 불가능한 정도는 아닙니다. 라세티 님의 힘으로 충분히 길들일 수 있습니다."

"역시 인피니티! 찬성 두 표에 반대 두 표야! 2 대 2!"

"야, 저 녀석은 컴퓨터잖아! 탐사대원이 아니라고."

캔이 따졌지만, 라세티는 듣지 않았다.

"그럼 이제 관장님의 표만 남았어요!"

빠다가 어떤 결정을 하느냐에 따라, 두 발 생명체를 만나러 밖으로 나갈지, 아우리온 안에 머물면서 쿠의 자료를 모을지 탐사대의 이번 계획이 판가름 날 것이었다.

"관장님, 제발 나가지 말자고 말해 줘요!"

"아니에요, 제발 나가자고 말해 줘요!"

캔과 라세티가 양쪽에서 애원했다.

사실 빠다는 다른 생각에 빠져 있었다.

'인피니티 녀석, 라세티를 심하게 치켜세우면서 밖으로 내보내려 하고 있어. 뭔가 꿍꿍이가 있는 게 분명해.'

"내 생각엔 말이다……."

빠다가 고민 끝에 결단을 내렸다.

"나가지 않는 게 좋겠다!"

캔이 환호했다.

"만세! 3 대 2. 이제 포기해, 라세티!"

반면에 라세티는 빠다의 결정에 적잖이 실망했다.

"관장님, 쿠를 찾으려면 모든 시대를 빼먹지 말고 꼼꼼하게 살펴야죠. 저 동굴에 쿠가 있을지도 모른다고요!"

"때로는 한 발짝 떨어져 관찰하는 것도 필요하다. 이번엔 아우리온 안에서 저들을 지켜보자꾸나."

라세티가 입술을 삐죽 내밀었다.

"쳇! 알았어요. 근데… 좀 조용해진 것 같지 않아요?"

　　녀석은 아우리온 출입구 앞까지 다가와서는 주먹으로 문을 쿵쿵 때렸다. 그러더니 유리창에 대고 쿵쿵대며 냄새를 맡았다. 잠시 동안 가만히 귀를 대고 있다가, 반들반들한 아우리온을 문질러 보거나, 유리창에 비친 자신의 얼굴을 향해 씨익 하고 치아를 드러내 보이기도 했다.

　　대범하게 기웃거리는 것을 보니 유리창 건너에서 탐사대가 지켜보고 있는 것을 모르는 듯했다.

　　"용감하게 혼자서 아우리온에 접근하다니, 이 녀석이 대장인 게 틀림없어."

　　라세티는 출입구 유리창에 얼굴을 바짝 대고 그 생명체를 관찰했다. 대장의 코는 돌멩이처럼 뭉툭했고, 키는 조금 작아도 몸은 단단한 근육질이었다.

"으아아! 라세티, 물러서! 저 커다란 주먹으로 창문을 뚫어 버릴지도 몰라!"

겁을 먹은 건 캔만이 아니었다.

"내 눈에도 위험해 보여······."

쿠슬미도 거침없이 다가온 지구 생명체가 조금 무서웠다.

"조, 조심해라, 라세티!"

아우리온 유리창은 아우레의 정교한 분자 재배열 기술로 만들어 절대로 깨지지 않는다는 것을 누구보다 잘 아는 빠다조차도 떨고 있었다.

라세티가 기대어 있던 출입문이 예고도 없이 열리며 라세티의 커다란 몸이 뒤로 넘어갔다.

몇 초간 정적이 이어졌다. 라세티도, 캔도, 쿠슬미와 빠다, 그리고 아우리온 앞의 두 발 생명체까지도 놀란 눈을 끔뻑거릴 뿐이었다.

가장 먼저 상황 파악을 끝낸 캔이 외쳤다.

"문 닫아, 어서! 라세티, 얼른 일어나!"

당황한 라세티가 버둥거렸지만 거대한 몸을 일으켜 세우는 것은 쉽지 않았다. 겨우 일어났을 땐 이미…….

치이익—.

아우리온 출입구는 닫혀 버린 후였다.

"으아악, 라세티!"

그때 인피니티의 목소리가 퍼졌다.

"갑자기 문을 열어 죄송합니다."

"인피니티, 문을 연 게 너였어?"

"시스템 오류입니다. 문이 다시 닫혔으니 이제 안심하십시오."

"라세티가 밖에 있는데 안심하라니! 빨리 문 열지 못해!"

"조금 전에는 닫으라고 하지 않으셨습니까?"

캔과 인피니티가 옥신각신하는 동안, 라세티는 아우리온 밖에서 절체절명의 위기에 처해 있었다.

그중 대장으로 보이는 두 발 생명체가 쿵쿵거리며 라세티의 냄새를 맡았다. 그러다가 라세티 옆을 빙빙 돌며 살피기 시작했다.

"나는 너희를 해치지 않아. 우린 그냥 지구의 한 꼬마를 찾으러 왔을 뿐이야."

그렇지만 대장의 관심은 다른 곳에 있었다.

녀석은 라세티의 온몸을 구석구석 살피다가, 라세티 발을 들어 올렸다.

"우헤헤, 간지러워!"

"으아아, 저 무섭게 생긴 녀석이 라세티를 잡아먹으려고 턱 근육을 풀고 있어!"

"아냐, 내가 보기엔 조금씩 친해지는 중인 것 같아."

"뭔진 몰라도 우리가 섣불리 끼어들었다가 더 위험한 상황이 생길 수도 있어. 조금만 지켜보자꾸나."

탐사대는 진정하고 다시 유리창 너머를 관찰했다. 라세티와 두 발 생명체 대장은 서로의 눈을 바라보고 있었다.

"네 눈, 참 맑다. 그 안에 내 모습이 보여. 내 눈에도 네가 보이겠지? 그러고 보니 우린 서로 많이 닮은 것 같아. 네 안에 내가 있고, 내 안에도 네가 있고. 앞으로 너희를 '네안에나'라고 부를게. 어때, 괜찮지?"

그러자 네안에나 대장이 라세티에게 손바닥을 쫙 펴 보였다.

"친구가 된 기념으로 하이 파이브 하자고? 좋아!"

라세티가 손을 뻗어 대장의 손바닥을 기분 좋게 탁, 쳤다.

바로 그때!

출렁~, 휘리릭!

아우리온의 윗부분에서 무언가가 뿜어져 나왔다.

"깜짝이야! 저건……, 레이저 그물망?"

그리고 정말 순식간에, 라세티 눈앞에서 네안에나 대장이 사라지고 말았다.

2화

네안에나의 두 얼굴

"샘플 확보!"

인피니티가 의기양양하게 말했다. 네안에나 대장에게 레이저 그물망을 던진 것은 다름 아닌 인피니티였다.

라세티가 인피니티에게 불같이 화를 냈다.

"인피니티! 난데없이 무슨 짓이야?"

"미끼를 이용한 사냥은 매우 효율적인 방법입니다."

"뭐? 그, 그럼 내가 미끼였어?"

"목적 달성을 위해선 수단을 가리지 말아야 합니다."

캔과 쿠슬미도 인피니티의 독단적인 행동을 못마땅해했다.

"아무리 그래도 주인님을 미끼로 쓰는 부하가 어디 있냐? 그리고, 어떡할 거야? 네안에나들이 화가 머리끝까지 났다고!"

빠다가 소란을 정리했다.

"기왕 이렇게 데리고 들어왔으니 저 녀석이 쿠와 얼마나 비슷한지 검사만 해 보고 얼른 내보내 주자꾸나."

캔이 어깨를 으쓱이며 앞으로 나왔다.

"그렇다면 내가 나서야겠네! 스캔 하면 나, 캔 아니겠어? 관장님, 그 일은 저한테 맡……, 어어? 야!"

캔의 말이 끝나기도 전에 인피니티는 네안이나 대장을 우리에 가둬 버렸다.

"그럴 필요 없습니다. 아우레에 있을 때 어린 쿠의 데이터를 바탕으로 계산해 둔 쿠 종족의 평균 정보가 있습니다."

캔은 기분이 상했다.

"인피니티, 넌 나서지 마. 내가 할 거라니까!"

"캔, 이번엔 인피니티한테 맡기자. 인피니티가 다루는 아우리온 장비가 네 것보다 훨씬 고성능이긴 하잖아."

"흥!"

곧 네안에나의 정보가 모니터에 주르륵 떠올랐다.

"키 160cm. 몸무게 80kg. 위장 내에 어패류, 버섯류, 육류 확인. 튀어나온 뒤통수와 낮은 이마, 유난히 큰 주먹코에 근육이 발달함. 뇌 용적은……!"

인피니티는 거기까지 말하고 말을 끊었다.

"인피니티, 왜 말을 하다가 마는 거야? 뇌가 어떤데?"

"예상치 못한 결과입니다. 네안에나의 뇌가……."

인피니티 목소리가 살짝 떨리는 것처럼 느껴졌다.

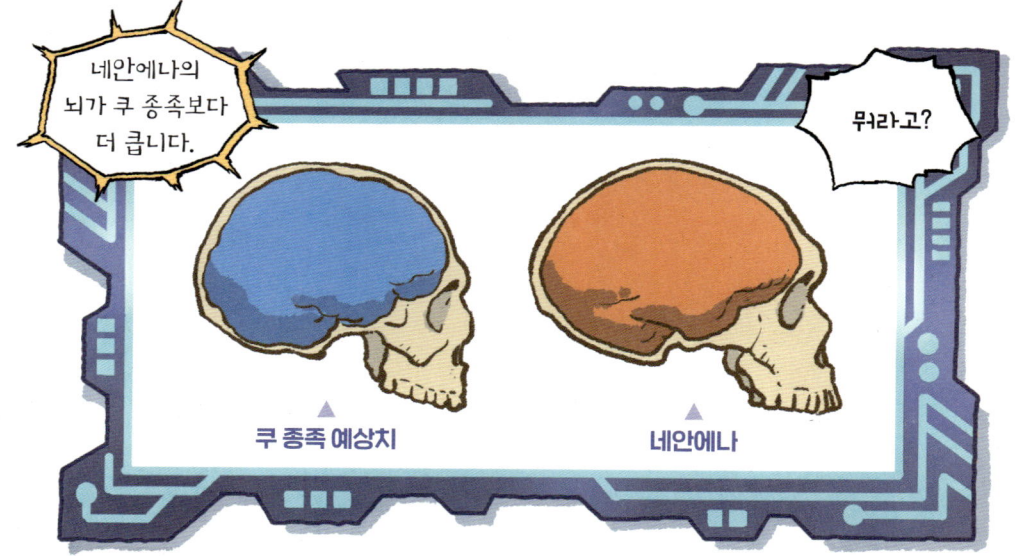

"지금까지 두 발 생명체들은 뇌가 점점 커지도록 진화해 왔다. 그렇다면 이들이 쿠보다 더 진화했다는 뜻인가?"

이제껏 빠다는 '지구의 두 발 생명체는 진화할수록 뇌가 커진다'고 예측했다. 또 지금껏 그 예측에 벗어나는 생명체는 없었다. 열매를 따 먹던 루시보다 날카로운 돌로 고기를 발라 먹던 털북숭이들의 뇌가 컸고, 그들보다 지구 곳곳에 퍼진 에구구 종족과 자바바라들의 뇌가 더 컸다.

그런데 지금 이 네안에나의 뇌는 그들보다, 아니 쿠보다도 크다. 빠다의 가설이 맞다면 쿠는 분명 에구구와 자바바라보다는 미래에, 네안에나보다는 과거에 존재할 것이다.

'아니면 내 생각이 틀린 걸까?'

어느 쪽이든 다른 시대를 확인해야 하는 것만은 확실했다.

"일단 여기서 10만 년 전쯤으로 되돌아가 봐야겠다."

"으아, 또 잘못 온 거야? 거참, 되게 찾기 힘드네."

라세티는 실망했지만, 캔은 오히려 다행이라고 생각했다.

"차라리 잘됐어. 얼른 얘를 풀어 주고 출발하자! 나, 쟤들 너무 사나워서 싫어!"

아우리온 밖에서는 여전히 네안에나들이 대장을 돌려 달라고 시끄럽게 문을 두드리고 있었다.

"그럼 쟤들 화가 풀릴 때까지 기다리는 수밖에 없겠네."

그 말에 쿠슬미가 어처구니없다는 듯 라세티를 보았다.

"대장을 돌려보내야 쟤들 화가 풀리는 거야!"

"흐응……, 대장을 돌려보내려고 문을 열면 공격할 거고, 안 돌려주면 더 화를 낼 거고. 이거 정말 난감한데!"

"이것 참, 인공 항성 설계 계획을 세울 때보다 더 고민되는 순간은 처음이군."

대원들이 머리를 싸매고 고민하는 동안, 라세티는 슬쩍 대장이 갇힌 우리에 다가갔다.

네안에나 대장은 몸에 인피니티가 던진 레이저 그물망이 칭칭 감긴 채로 난동을 피우고 있었다.

라세티가 다른 대원이 듣지 못하게 조용히 인피니티에게 말했지만, 인피니티는 고집을 꺾지 않았다. 이건 모두의 안전이 걸린 일이었다.

부탁이 통하지 않자, 이번에는 라세티가 명령조로 말했다.

"내가 네 주인인 걸 잊었어? 당장 열어, 인피니티!"

"…그럼 딱 5초만입니다."

문이 열리자 라세티는 재빨리 안으로 들어갔다.

"으악! 라세티, 지금 뭐 하는 거야?"

"위험하게 거길 왜 들어가?"

캔과 쿠슬미가 놀라서 달려왔지만, 인피니티는 우리 문을 닫아 버렸다. 둘은 네안에나 대장과 함께 갇힌 라세티를 보며 안절부절못했다.

탐사대는 라세티를 구하러 당장이라도 뛰어들고 싶었지만, 어느 쪽도 쉬운 결정이 아니었다.

"바로 제압하겠습니다."

인피니티가 유리 막을 열고 레이저 빔을 네안에나 쪽으로 조준하며 말했다. 그러자 라세티가 소리쳤다.

"인피니티! 안 돼, 쏘지 마!"

라세티는 네안에나 대장이 다시 마음의 상처를 입게 하고 싶지 않았다.

"난 널 믿어. 너도 나 믿지? 우리 다시 친구 하자, 응?"

대장과 라세티는 한동안 서로의 눈동자에 비친 자기 모습을 바라보았다. 대장의 거친 숨도 조금씩 사그라들고 있었다.

그 분위기를 아직 눈치채지 못한 존재가 있었다. 뒤늦게 라세티를 구할 결심이 선 캔이 눈을 꼭 감고 달려든 것이다.

"큰일이네! 인피니티, 검사 좀 해 줘!"

땀을 비 오듯 흘리며 팔을 부여잡고 있는 대장을 보고 쿠슬미가 기겁해서 인피니티를 불렀다.

"근육 파열과 내부 출혈이 감지됩니다."

"으아, 생각보다 심각하잖아!"

"휴게실 바닥을 열면 응급 처치 키트가 있을 게다."

빠다의 말에 쿠슬미가 벌떡 일어났다.

"맞다, 거기 레이저 주사기가 있지! 얼른 갖고 올게요!"

"오랫동안 사용하지 않아 응급 처치 키트가 방전되었습니다. 전용 충전 포트로 53아우레시간 동안 충전해야 합니다."

"내 친구가 이렇게 아파하고 있는데 무작정 기다리라는 게 말이 돼? 그거 이리 줘 봐."

라세티는 쿠슬미한테서 응급 처치 키트를 넘겨받았다.

요리조리 살펴보니 바닥에 수상한 네모 구멍이 있었다. 라세티는 과거의 어떤 장면이 퍼뜩 떠올랐다. 홀로그램 빠다가 들어 있던 칩이 탁자에 난 홈에 꽂히면서 웅장한 아우리온이 세상에 드러났던 그 장면이!

"그래, 그거야! 여기에 뭔가를 끼우는 거야. 그리고 그건!"

라세티는 눈을 반짝이며 냉큼 조종석으로 달려갔다.

3화

슬픔의 노래

아우리온 안을 구석구석 뒤졌지만 응급 처치 키트는 찾을 수 없었다.

캔이 뻔하다는 듯 말했다.

"분명해! 그 녀석이 훔쳐 간 거야! 어쩐지 따꼼레이저를 마구 쏴 주고 싶더라니!"

"네안에나가 도둑질을?"

라세티는 믿을 수 없었다. 왜 그걸 훔친 걸까? 응급 처치 키트를 사용할 줄도 모를 텐데…….

"왜? 대체 그걸 어디에 쓰려고?"

"그야 모르지! 베개로 쓰려고 했나? 아무튼 이럴 줄 알았어!"

라세티는 그 말이 귀에 들어오지 않았다. 믿음이 무너진 슬픔에 멍하게 있을 뿐이었다.

"라세티, 너도 이런 일이 일어날 거라고는 생각하지 못했겠지. 그러나 몰랐다고 해도 이건 분명 큰 문제다. 앞으로 이런 불상사가 일어나지 않도록 언제나 신중히 행동하도록 해라."

빠다도 엄격하게 말했다.

"응급 처치 키트도 문제지만, 오라클까지 가져가 버렸는데 어쩌죠?"

밖을 내다보니 네안에나들은 어느새 사라지고 없었다.

"너무 걱정하지 마라. 오라클의 GPS 신호를 추적할 수 있으니까. 인피니티!"

그때 말없이 화면만 보고 있던 라세티가 갑자기 문을 열고 밖으로 뛰쳐나갔다.

"라세티, 어디 가?!"

라세티는 대답하지 않았다.

"야! 너 자꾸 네 멋대로 굴 거야?"

멀어지는 등 뒤에 대고 캔이 고래고래 소리쳤지만, 라세티는 멈추지 않고 달렸다.

탐사대는 GPS 신호가 가리키는 해안으로 나아갔다.

이 지역은 지금껏 경험했던 지구의 그 어느 곳보다 삭막하고 황량했다. 나무가 빽빽한 밀림도, 세차게 흐르는 강도 없었다. 근처엔 오로지 깎아지르는 절벽과 바위와 건조한 풀뿐이었다. 절벽을 타고 쌩쌩 부는 바람 소리는 귀가 아플 정도였다.

"으으, 내 귀야. 네안에나들은 이런 거친 곳에서 어떻게 사는 거죠?"

"이런 환경을 이겨 내려고 더 강하게 진화했을 수도 있지."

쿠슬미가 눈을 크게 뜨며 말했다.

"어? 인피니티가 보내 주는 신호가 끊어졌어요! 아우리온에서 너무 멀리 왔나 봐요."

오라클의 행방을 알 수 없게 된 탐사대는 걸음을 멈췄다.

"뭐? 신호가 끊어져? 그럼 무슨 수로 오라클을 찾지?"

그때 라세티가 바닥에서 뭔가를 발견했다.

"여기 발자국이 있어!"

발자국은 멀리 해안 절벽 아래까지 이어져 있었다. 절벽 아래에 크고 작은 동굴들이 뚫려 있는 게 보였다. 동굴 앞 너른 터에는 라세티보다 두 배, 어쩌면 세 배 이상 큰 털투성이 네발 생명체가 쓰러져 있었다. 바위 위에 널린 말린 고기도 보였다. 네안에나들의 서식지가 분명했다.

그렇지만 네안에나들은 보이지 않았다.

"동굴이 너무 많아서 어느 동굴로 갔는지 모르겠어요."

"구석구석 잘 살펴봐라. 여기 분명 단서가 있을 게야."

> 이 말린 고기는 딱딱해서 어떻게 먹는담? 턱이 엄청 튼튼한가 봐.

탁
탁

라세티는 가는 내내 말이 없었다. 쿠슬미는 그런 라세티가 낯설게 느껴졌다.

쿠슬미가 캔 귀에 대고 속삭였다.

"라세티가 좀 이상하지 않아?"

"엥? 뭐가?"

"라세티답지 않게 너무 조용하잖아. 꼭 우울해하는 것처럼 어깨가 축 처졌다고."

"우울? 그럴 리가. 라세티랑 친구로 지낸 3,800년 동안 재가 우울해한 적은 한 번도 없었는걸."

캔이 어깨를 으쓱였다.

"아냐, 분명해. 마음에 심각한 상처가 생긴 거야!"

"그렇다면 뭐, 한번 물어볼게."

어느새 해안을 가로지르는 절벽이 거의 끝나는 쪽에 도착했다. 그곳에는 예상대로 또 다른 동굴들이 있었다.

가장 큰 동굴 앞에 두 발 생명체들이 모여 있었다.

"저 녀석들! 분명 아우리온 위에서 쿵쿵대던 꼬마들이야!"

그 소리를 들었는지, 그들은 탐사대를 보고 놀라 달아나 버렸다.

"저 동굴 안에 다른 이들이 있을 거야."

탐사대는 아주 조용히, 몰래 동굴 안으로 숨어들었다.

한참을 들어가자 깊은 곳에서 희미한 모닥불이 보였다. 그 주변에 열 명 정도 되는 네안에나들이 모여 있었다. 라세티를 배신한 대장도 함께였다.

그들은 누워 있는 한 네안에나를 둘러싸고 모여 있었다. 그의 머리맡에 오라클이 꽂힌 응급 처치 키트가 있었다.

"저기 있다! 제가 당장 찾아올게요."

쿠슬미가 당장 나서려 하자, 빠다가 쿠슬미를 말렸다.

"잠깐만! 저들이 뭘 하는지 좀 지켜보자꾸나."

빠다의 말에 다들 숙연해졌다. 동굴 안이 유난히 조용했던 건 네안에나들이 동료를 잃은 슬픔에 빠진 탓이었다.

네안에나 대장이 응급 처치 키트를 열어 레이저 주사기를 꺼냈다.

"죽은 동료에게 뭘 하려는 걸까요?"

대장은 죽은 네안에나의 몸 이곳저곳에 레이저 주사기를 대고 떼기를 반복했다. 탐사대는 그제야 대장이 응급 처치 키트를 훔친 이유를 알게 되었다.

"라세티가 자기 상처를 치료해 준 걸 보고 레이저 주사기가 죽은 동료도 살릴 수 있을 거라고 생각한 모양이구나."

레이저 주사기를 쥐고 어쩔 줄 몰라 하는 대장의 모습에 라세티는 마음이 아렸다.

'대장은 나를 배신한 게 아니었어. 동료를 위해서 주사기를 빌리려고 했던 거야. 그런데 난 그 마음도 몰라주고……'

그 광경은 라세티뿐 아니라 캔, 쿠슬미, 빠다의 마음도 아프게 만들었다.

그때였다. 바위 뒤에 숨어 있던 라세티가 저벅저벅 네안에나가 모여 있는 쪽으로 걸어갔다.

"또, 또, 또 멋대로 저러네! 야, 돌아와! 돌아오라고!"

캔이 불렀지만, 늘 그렇듯 라세티는 들은 척도 하지 않았다.

처음 보는 파란색 생명체가 불쑥 나타나자 네안에나들은 화들짝 놀랐다. 소리를 지르며 경계하는 녀석도 있었다. 라세티는 네안에나 대장에게 다가가 차분하게 말했다.

"대장, 그 주사기로 네 동료를 살릴 순 없어. 그건 죽음을 삶으로 바꾸진 못해. 안타깝지만 그만해."

그 순간, 응급 처치 키트에 박혀 있던 오라클에서 묘한 보라색 빛이 퍼졌다. 네안에나 대장은 라세티 말을 이해한 듯이 슬픈 표정을 짓다가 결국 고개를 끄덕였다.

네안에나들은 죽은 동료를 데리고 동굴 밖으로 나갔다. 라세티와 탐사대도 그 뒤를 따랐다. 그들이 도착한 곳은 어느 커다란 나무 아래였다. 주변에 볼록한 흙더미들이 많았다. 네안에나들은 그중 평평한 곳을 파기 시작했다.

"갑자기 땅은 왜 파는 거지?"

"모르지. 일단 도와주자고! 대장, 비켜 봐."

라세티는 네안에나들에게 비키라는 시늉을 했다.

"자, 후~웁! 와다다다다다!"

라세티가 판 땅 주위로 네안에나들이 둘러섰다. 그리고 동료를 그 안에 내려놓았다.

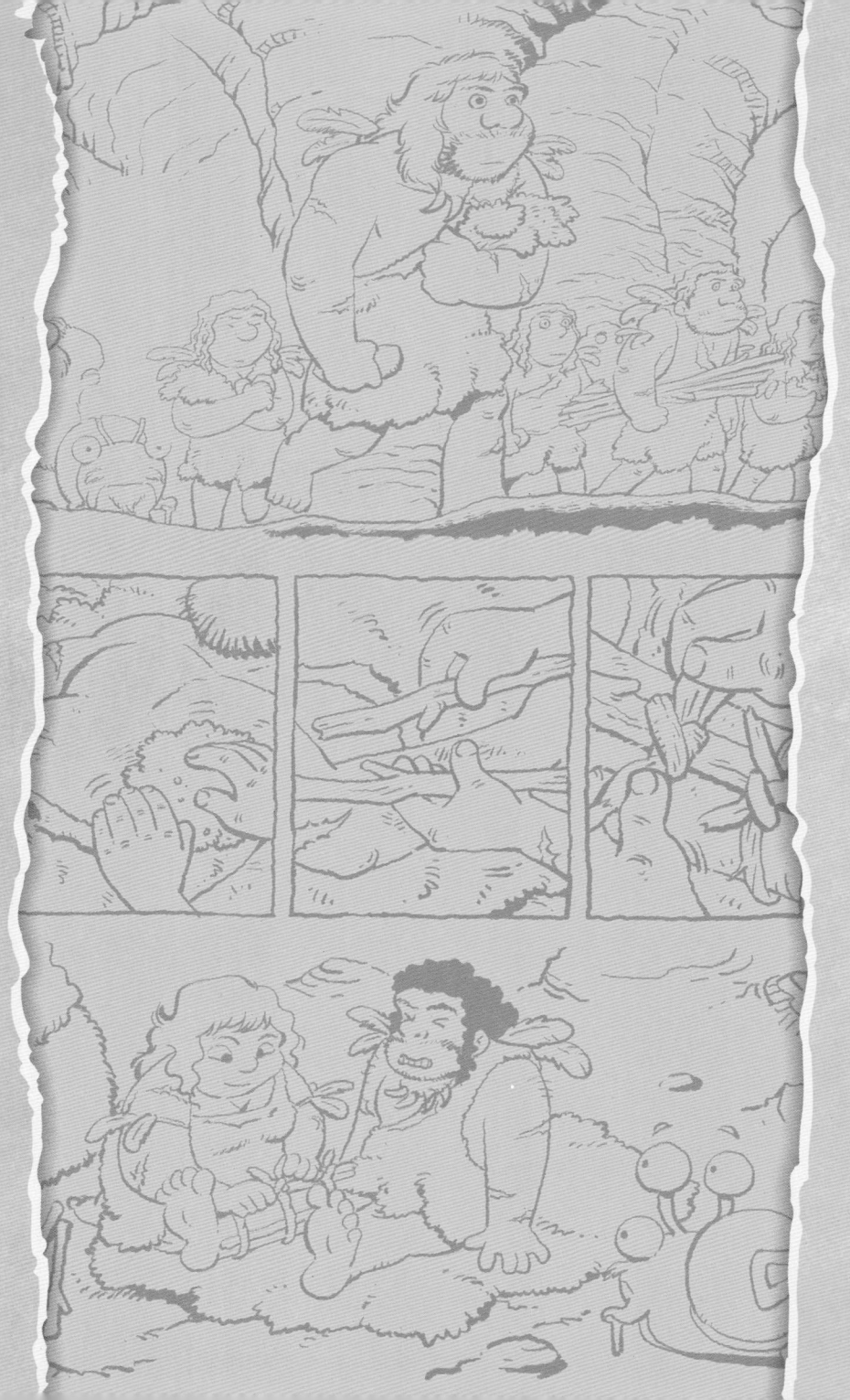

4화

방귀 대장 라세티

'슬픔의 노래 의식'이 끝나자마자 라세티는 다시 쌩쌩한 모습으로 돌아왔다. 우울해하던 모습은 온데간데없었다.

"내가 말했잖아. 네안에나들은 저얼~대로 나쁜 애들이 아니라고. 대장과 눈을 마주 봤을 때부터 배신할 녀석이 아니라는 걸 딱 알았다고! 안 그래, 친구? 으흐흐흐."

라세티가 그렇게 말하며 옆에 있던 한 네안에나의 옆구리를 톡 쳤다. 그랬더니…….

"아아앗!"

네안에나가 옆구리를 움켜쥐며 쪼그리고 앉았다.

"엥? 그냥 살살 툭 친 건데, 왜 저렇게 아파하지?"

그제야 아우린들 눈에 네안에나들의 몸 곳곳에 난 상처가 보였다.

"대장만 다친 줄 알았는데 너도 다쳤어?"

"얘는 다리를 절뚝이는데! 쟨 등에 할퀸 상처가 있고."

"이 무리 전부 몸에 크고 작은 상처가 났구나. 그러고 보니 아까 땅에 묻어 준 네안에나의 몸에도 상처가 많았지."

라세티가 대장한테 물었다.

"너희 괜찮은 거야?"

네안에나 대장은 대답 대신 이 정도는 아무것도 아니라는 듯 어깨를 으쓱이며 꺾은 들풀과 나뭇가지를 챙겨 왔다.

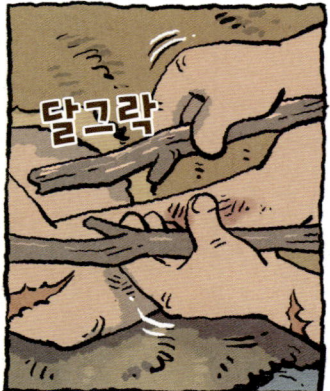

"물론 아우레의 기술에 비하면 효과가 적겠지. 그러나 이건 이 생명체가 주변의 환경과 자원을 활용할 줄 안다는 뜻이다. 흥미롭구나. 이들은 뇌가 커지기만 한 게 아니라 지식도 아주 풍부해. 녀석들을 쿠처럼 초울트라 에너지에 노출시키면 어떻게 될까? 어쩌면 쿠보다 우수한 조수가 될지도……."

오랜만에 과학자의 본능이 깨어난 빠다는 중얼거리며 자신만의 세계에 빠져들었다.

라세티가 쿠슬미와 캔을 보며 물었다.

"얘들아, 우리가 네안에나들을 치료해 줄까? 진짜 치료가 뭔지 보여 주자고!"

"아직도 정신을 못 차렸네! 관장님 말씀 잊었냐? 아우레 문명으로 지구 역사에 간섭하면 안 돼. 그리고……."

캔의 말을 싹둑 끊고 쿠슬미가 끼어들었다.

"난 찬성! 지구 역사가 더 좋은 쪽으로 바뀔 수도 있잖아?"

"좋았어! 그럼 간다!"

배가 고플 땐 그렇게 좋아하는 우주의 평화도 뒷전이 되는 라세티가 먹을 게 필요하다고 소리쳤다. 그러자 네안에나 대장이 라세티 앞에 딱딱하고 둥근 돌멩이들을 우르르 쏟았다.

"이게 뭐냐? 내가 아무리 먹을 걸 좋아해도 이런 돌덩어리를 먹을 순 없어."

난감해하는 라세티와는 반대로, 쿠슬미가 반갑게 웃었다.

"이건 돌멩이가 아냐. 이 속에 살이 있는데, 엄청 맛있어. 자바바라 마을 대장이 이거 먹는 법을 알려 줬어."

쿠슬미가 돌멩이의 틈을 벌리고 속에서 살을 꺼내서 먹는 시범을 보였다. 그 모습에 이번엔 캔이 나섰다.

"그러지 말고 불에 구워 보자. 지구 음식은 구우면 더 맛있어지잖아."

"어쭈, 캔도 이제 슬슬 지구의 맛을 알게 됐나 본데!"

속살돌멩이들을 모닥불에 올리자, 굳게 닫혀 있던 돌멩이들이 조금씩 입을 벌렸다.

라세티가 다 벌어진 것을 골라 뜨겁게 익은 뽀얀 속살을 얼른 입에 넣었다.

"우오오오! 정말 맛나! 어쩜 지구 두 발 생명체들은 진화할수록 더 맛난 것만 먹냐!"

"근데 양이 너무 적다. 더 먹고 싶은데."

조그마한 돌멩이 속살로 우주 최고 먹보 라세티의 배를 채우기란 무리였다. 게다가 지구 음식의 맛을 알아 버린 캔도 몹시 허기가 진 상태였다. 쿠슬미도 마찬가지였다.

탐사대가 빈 껍데기를 쪽쪽 빨고 있으니, 네안에나 대장이 더 많은 속살돌멩이를 가지고 왔다.

"여기 더 있다. 일곱 밤낮 식량이다. 우리 치료하다. 선물이다."

이상했다. 네안에나 대장은 아우레 말을 알아들을 수 없을 텐데도 캔 말대로 속살돌멩이를 가지고 온 것이다.

"방금 쟤 우리 말 듣고 이거 준 거지? 그러고 보니, 아까는 너무 자연스러워서 몰랐는데, 동료를 묻을 때도 그랬잖아?"

"그러게? 자바바라 때처럼 어느 틈에 말이 통하고 있어."

"궁그하연 히허해 호야."

입안에 구운 속살을 양껏 넣은 채로 라세티가 우물거렸다.

"뭐라고? 입에 든 거 삼키고 말해!"

"궁금하면 시험해 보자고! 잘됐다. 마침 배도 살살 아픈 것이 딱……, 윽! 얘들아, 다들 코 막아! 방귀 나간다!"

셋, 둘, 하나!

헙!

이럴 때를 대비해서 비상용 방독면이 있지.

"후하, 후하……. 신선한 공기에 이렇게 고마운 마음을 가져 보긴 처음이에요."

동굴 밖으로 도망 나온 쿠슬미가 숨을 깊게 들이쉬었다.

"후우, 그러게나 말이다. 내 평생 맡아 본 냄새 중에 가장 지독했어. 그나저나 쿠슬미, 너도 봤지?"

"네! 코를 막으라 했더니 네안에나들이 정말 그렇게 했죠?"

빠다와 쿠슬미는 라세티가 방귀 폭탄을 터뜨리기 직전, 네안에나들이 정말로 미리 코를 막고 기다리던 것을 똑똑히 보았다. 코를 막으라는 라세티의 말을 알아들은 것이다.

"도대체 어떤 원리지? 이번 두 발 생명체는 눈치가 엄청나게 발달한 걸까?"

"관장님, 제가 추리해 본 게 있어요. 바로 이거예요."

쿠슬미는 목에 걸고 있던 오라클을 내밀었다.

"가만히 떠올려 보니까요, 지구 생명체들과 대화할 때마다 오라클이 빛났어요. 자바바라들과 함께 있을 때도 그랬고, 네안에나들과 있을 때도 그랬어요. 아무래도 이 오라클에 신비한 능력이 있는 것 같아요."

"오라클에 통역 기능이 있다는 게냐?"

"아뇨, 그것보단 더 복잡해요. 그러니까, 음……."

쿠슬미가 설명을 이어 갔다.

"처음엔 오라클이 아우리온을 운전하기 위한 물건인 줄로만 알았어요. 그런데 그게 다가 아닌 것 같아요. 오라클에는 연결하는 능력이 있는 게 아닐까요? 그러니까, 멀리 떨어진 동료와 통신하게 해 주고, 두 시공간을 잇는 웜홀을 만들고, 지구 생명체와 대화도 하게 해 주는……."

빠다가 물었다.

"네 말은 오라클 때문에 지구 생명체가 우리 말을 알아듣는다는 뜻이구나?"

"네. 오라클이 마음과 마음을 연결해 주니까요."

"그렇다면 오라클 없이는 지구 생명체와 소통이 안 되겠군."

빠다는 쿠슬미의 가설을 곱씹으며 옛날을 떠올렸다.

"오라클은 오래전 그라타시아 은하에서 발견했지……."

오라클은 빠다가 젊은 시절, 그라타시아 은하의 어느 이름 모를 행성에서 캐낸 전설의 광물이었다.

　오라클은 알려진 바가 거의 없는 신비로운 물질이었지만, 키벨레 도서관에 보관된 오래된 책, '아우린 현자의 서'에는 오라클에 관한 짧은 구절이 등장했다. 그중에는 오라클이 마음을 연 두 생명체를 소통하게 한다는 내용도 있었다. 책에 따르면, 오라클과 열린 마음만 있으면 그 어떤 외계어도 이해할 수 있다.

　빠다도 그 책을 읽었지만 금세 잊어버렸다. 그런 옛날 책은 과학이 발달한 아우레에서 쓸모없는 것으로 여겨진 지 오래였기 때문이다. 대신 빠다는 오라클의 웜홀을 만드는 능력을 발견했고, 그 힘을 아우리온의 동력으로 사용했다.

"오라클에 그런 능력이 있다면 왜 자바바라 이전에 만난 지구 생명체들과는 소통이 안 되었을까?"

"그건 우리가 그들에게 완전히 마음을 열지 않았기 때문일 거예요. 마음의 문이 닫혀 있는데, 오라클이 어떻게 마음과 마음을 이어 주겠어요?"

쿠슬미는 그렇게 말하며 자바바라와 처음으로 마음이 통했던 순간을 떠올렸다.

빠다가 수긍했다.

"네 말이 옳다면 라세티가 지구 생명체들과 유독 잘 통했던 게 우연이 아닐지도 모르겠구나. 라세티는 처음부터 마음을 활짝 열고 있었으니까."

"물론 라세티는 긍정 에너지 덕분이라고 하겠죠? 히히."

한편, 동굴 안 라세티와 캔은 답답해서 쓰러질 지경이었다.

유일하게 동굴에 남은 꼬마 네안에나와 대화가 안 되었기 때문이다. 오라클을 목에 건 쿠슬미가 동굴 밖으로 나가서 오라클의 힘이 멀어져 버렸으니, 당연한 일이었다. 물론 캔과 라세티가 그런 사실을 알 리 없었지만.

캔이 답답한 듯 꼬마에게 물었다.

"이 꼬맹이는 왜 내 말을 못 알아듣는 거야? 어떻게 방독면도 없이 라세티 방귀 냄새를 참았냐니까?"

꼬마는 코를 파다 난데없이 히죽대며 웃기 시작했다.

"뭐가 그렇게 웃기냐?"

그러다가 확 돌변해서 마구 화를 냈다.

"므엇 텔다?! 나앗 알다!"

캔이 답답하다는 듯 가슴을 쳤다.

"아니, 내가 무슨 잘못을 했다고 이래! 대화가 엉망이야! 이상하네. 아까는 분명 말이 잘 통했는데."

"넌 긍정 에너지가 부족해서 그래. 내가 하는 거 잘 봐. 꼬마야, 너는 왜 동굴 밖으로 안 나갔어~? 너도 나만큼 독한 방귀를 뀌니?"

결과는 같았다. 꼬마는 코를 파며 알 수 없는 소리를 냈다.

"나앗 언스탄! 나앗 언스탄!"

"호호, 그건 이 오라클 덕분이야."

쿠슬미는 자신이 추측한 오라클의 신비로운 작용을 하나하나 설명했다. 라세티와 캔은 복잡미묘한 오라클의 원리에 머리가 어질어질해졌다. 라세티가 한마디로 정리했다.

"결국 오라클만 옆에 있으면 누구와도 대화할 수 있단 말이네! 그럼 이참에 궁금했던 걸 다 물어봐야지."

라세티가 질문을 쏟아 냈다.

"아까 땅에 묻은 동료는 누구야?"

"대장 샤흐마. 이제 나 대장이다."

"네 가족들은 어디에 있어?"

그러자 대장이 할머니 네안에나와 코 파는 꼬마 네안에나를 소개했다.

"왜 다 모른대? 넌 '모르겠어코딱지'라고 불러야겠다!"

"모르겠어코딱지? 이름이 뭐 그래? 이름치고 너무 길잖아."

"그럼… 좀 간단하게, '모로'는 어때? 어울리지?"

"모르겠어."

한편, 빠다와 쿠슬미는 네안이나 대장에게 몸에 난 상처들에 관해 물었다.

"그 상처들은 어쩌다 다친 거야? 먹이를 구하다가?"

"사냥 다친다. 하지만 여기 상처 사냥 아니다."

대장이 자신들의 사정을 설명했다.

"겨울 된다. 괴물 온다. 우리 동굴 뺏는다. 샤흐마 싸웠다. 그리고 죽었다!"

괴물이라고? 하고 되물으려던 찰나, 저 멀리서 누군가의 비명이 들려왔다.

5화

복수의 괴물 사냥

"그놈이라니? 아까 말한 그 괴물 말이야?"

아수라장이 된 동굴을 본 네안에나 대장은 분노에 차 있었다. 무기를 꽉 쥔 주먹이 부들부들 떨렸다.

"괴물 왔다. 우리 식량 다 먹었다. 가족 다쳤다. 샤흐마 죽었다! 복수한다. 당장 잡는다!"

네안에나들이 일제히 무기를 들었다.

모르겠어코딱지, 줄여서 모로도 작은 창을 들고 이를 꽉 깨물었다. 그들은 남자고 여자고, 아이고 어른이고 할 것 없이 앞으로 벌어질 싸움이 두렵지 않은 듯했다.

동굴에는 몸이 약하거나 다친 네안에나들이 남아 있었다. 캔은 그들이 옹기종기 둘러앉아 있는 곳으로 가 보았다. 그들은 속살을 다 빼 먹은 속살돌멩이의 딱딱한 껍데기에 작은 구멍을 만들고 있었다. 그리고 길고 억센 풀 줄기에 구멍 낸 껍데기를 줄줄이 꿰었다. 그러자 멋진 장신구가 만들어졌다. 어떤 네안에나는 뼛조각을 작고 날카롭게 갈고 있었다. 캔은 그 모습에 흥미를 느꼈다.

"재미있겠다. 나도 해 봐도 되…려나?"

캔이 슬며시 끼어 앉자, 캔의 마음을 눈치챈 나이 많은 네안에나가 캔 앞으로 속살돌멩이 껍데기를 쏟아부어 주었다.

"우아, 예쁜 껍데기가 엄청 많네! 고마워요, 할머니!"

캔은 라세티를 따라 나갈까 말까 고민하던 것을 딱 멈췄다. 대신 네안에나들 사이에 끼어 장신구를 만들기 시작했다.

"안테나를 장식할 멋진 방울을 만들어야겠어. 이거 하다 보니까 은근히 재미있는데? 나한테 이런 손재주가 있었다니, 난 대체 못하는 게 뭘까?"

따뜻한 모닥불과 그 주변에 다닥다닥 붙어 앉은 친구들, 저절로 집중하게 되는 조용함, 작품을 완성했을 때의 뿌듯함까지. 장신구를 만드는 일은 캔에게 너무도 잘 맞았다. 평화를 사랑하는 겁쟁이 캔에게는…….

한편, 무기를 들고 괴물을 찾아 나선 일행은 파도가 철썩이는 해변에서 가파른 암벽을 지나 숲으로 들어갔다. 앞장선 대장은 괴물이 어디 있는지 이미 알고 있는 것 같았다.

 빠다가 낮은 목소리로 당부했다.

 "얘들아, 캔이 했던 말이 아주 틀린 건 아니다. 몹시 위험한 싸움이 벌어질지도 몰라. 지구 생명체의 일에 최대한 관여하지 않는 게 우리 아우린들의 의무이니, 괴물이 나타나면 우리는 안전한 나무 위에서 지켜보기만 하는 거다. 알겠지?"

 꼴깍, 진지한 경고에 긴장한 라세티가 침을 삼켰다.

 그때였다. 대장의 목소리가 들렸다.

 "놈이다!"

 겁을 잔뜩 먹은 탐사대와는 달리, 네안에나들은 오히려 무기를 더 세게 쥐고 공격 태세를 취했다. 괴물도 자신의 숙적인 네안에나 무리를 발견하고는 이빨을 드러내 보이며 으르렁거렸다.

 "대단한 싸움이 일어날 것 같아. 긴장되는데."

 "캔이 안 와서 다행이야. 여기 있었으면 기절해서 나무에서 떨어졌을 테니까."

 대장이 동료들에게 지시하는 소리가 들렸다.

 "괴물 덮친다. 절벽 떨어진다! 잡는다."

 대장의 작전을 들은 네안에나들이 일제히 고개를 끄덕였다.

괴물을 포위한 네안에나들이 창의 뾰족한 부분을 괴물 쪽으로 겨누고, 조금씩 조금씩 전진했다. 힘이 약한 네안에나들은 뒤에서 무서운 소리를 내며 괴물을 위협했다. 모로도 이 순간만큼은 코 파는 걸 멈추고 그 행위에 동참했다. 그런데 웬일인지 대장은 보이지 않았다.

괴물은 날카로운 송곳니를 드러내고 울부짖으면서도 슬금슬금 뒷걸음질했다. 어느새 네안에나들이 괴물을 절벽 끝으로 몰아넣는 데 성공했다.

놀란 탐사대는 얼른 나무에서 내려와 절벽 끝으로 달려갔다.

절벽 아래에 괴물과 대장이 널브러져 있었다. 철썩철썩, 파도가 바위에 부딪치는 소리만 들렸다.

　　죽은 줄 알았던 대장이 태연하게 일어나더니 무리를 향해 자랑스럽게 소리쳤다.

　　"복수했다! 동굴 지켰다!"

　　네안에나들은 승리의 환호성을 내질렀다. 모로도 방방 뛰며 기뻐했다.

그 모습을 보며 빠다가 말했다.

"네안에나들은 그 어떤 적도 두려워하지 않는 용기와 강한 힘을 지녔군. 와우와우 행성의 스피루 족을 닮았어."

쿠슬미가 걱정스레 물었다.

"관장님, 애들의 사냥은 너무 위험해요. 오늘 만난 괴물보다 더 센 상대를 만나면 목숨을 잃을 수도 있잖아요. 왜 루시처럼 열매나 풀을 먹지 않는 거죠? 그 편이 훨씬 안전할 텐데요."

"쿠슬미, 지난번 에구구 종족부터 두 발 생명체들의 뇌가 유독 커진 걸 기억하니? 그건 육식을 시작하면서 뇌가 비약적으로 발달한 거다. 뇌는 복잡하게 발달할수록 더 많은 에너지를 소모하기 때문에, 열매나 풀에서 얻는 에너지만으로는 부족하지. 그러니 네안에나들도 사냥에 뛰어들 수밖에 없었을 게야. 설령 그게 이들을 죽음에 이르게 할지라도 말이다."

둘의 대화를 들은 라세티는 생각했다.

'애네들, 이 척박한 환경에서 진짜 힘들게 먹을 것을 구하는구나. 아까 그 돌멩이 괜히 더 달라고 했나? 왠지 미안해지네.'

라세티는 옆에서 코를 파고 있는 모로에게 약속했다.

"모로, 아까 내가 먹은 돌멩이 식량, 꼭 전부 원상 복구 해 둘게. 아니, 더 많이 구해다 줄게."

모로는 코만 파느라 대답도 없었지만.

대장과 라세티 일행은 사냥한 괴물을 짊어지고 동굴로 돌아왔다. 동굴에 남았던 네안에나들이 그들을 반겨 주었다. 단 한 명, 캔만 등을 돌린 채였다. 라세티는 혼자 외로웠을 캔을 위해 밖에서의 일을 최대한 실감 나게 얘기했다.

"캔! 얘들 있지, 진짜 진짜 싸움을 잘해. 괴물도 단번에 잡고, 절벽에서 떨어졌는데도 끄떡없었어! 너도 그 모습을 봤어야 하는데! 굉장했다고!"

캔은 계속 돌아서 있었다.

라세티가 캔을 툭 쳤다.

"왜 대답이 없어? 설마 우리가 버리고 갔다고 또 삐쳤어?"

그제야 캔이 스르륵 뒤돌아보았다.

"우아! 캔!"

　캔이 목걸이를 주렁주렁 건 자신의 모습에 흠뻑 취해 있는 동안, 네안에나들은 끌고 온 괴물을 손질했다.
　가장 먼저 뾰족한 돌로 괴물의 가죽을 벗겨 냈다. 고기는 적당한 크기로 자르고, 괴물의 날카로운 이빨과 발톱은 장신구 재료를 보관하는 곳에 따로 모았다. 그리고 괴물의 뼈 중 뾰족하고 길쭉한 것들은 무기와 함께 쌓아 두었다.

풍덩!
바닷속으로

쿠슬미는 촉수를 보호할 장갑을 만들기 시작했다. 라세티는 허름한 총집을 버리고 새 총집과 허리띠를 만들었다. 빠다는 손에 쥐기 편하도록 지팡이 손잡이에 가죽을 둘둘 말았다.
"끈으로 가죽 조각들을 이어 붙이면 더 튼튼하지 않을까?"
탐사대는 가죽에 구멍을 내고 끈을 꿰어 네안에나들의 것과는 다른 독특한 작품을 완성했다.

쿠슬미가 장갑을 자랑하며 빙그르르 돌았다.

"지금도 좋긴 한데 살짝 허전하다. 아우레의 사캬 고래 비늘로 장식하면 더 예뻤을 텐데."

그러자 캔이 나섰다.

"그럼 나처럼 돌멩이 껍데기로 장식하는 건 어때?"

"오, 좋은 생각인데? 그거 더 있어?"

캔은 쿠슬미가 자기 장식에 관심을 보이자 바로 신이 났다.

"에헤헤, 물론 더 있지. 여기 엄청 많……, 어? 방금까지도 잔뜩 있었는데 다 어디 갔지?"

장신구를 주렁주렁 달고 있는 캔에게 라세티가 말했다.

"가긴 어딜 가? 전부 네 몸에 붙어 있잖아. 네가 머리부터 손끝까지 껍데기를 주렁주렁 매달았으니 남는 게 없지!"

쿠슬미의 시선이 캔의 팔에 꽂혔다.

"있잖아, 캔~, 네 팔에 찬 껍데기 장식 말이야… 그 장식이 내 장갑에 딱 어울릴 것 같은데……."

"이건 안 돼! 내가 얼마나 힘들게 만들었는데!"

캔은 소중한 장식을 하나라도 빼앗길까 으르렁댔다.

"흥, 욕심쟁이."

아쉬워하는 쿠슬미를 본 대장이 말했다.

"따라와라! 돌멩이 많다. 다 함께 모은다!"

대장을 따라간 곳은 바닷가였다.

스산한 회색 구름이 사라지고 하늘은 어느새 푸른빛을 띠고 있었다. 내리쬐는 태양 아래 일행은 해변을 살폈다. 맑은 거품이 이는 파도 아래로 속살돌멩이들이 보였다.

네안에나들은 누가 먼저랄 것 없이 쪼그리고 앉아서 그것들을 줍기 시작했다.

"여기 식량 모은다. 같이 한다."

갑자기 라세티가 제안했다.

"그럼 이왕 하는 거, 누가 많이 잡나 내기하는 거 어때?"

라세티의 말에 쿠슬미의 승부욕이 발동했다.

"나한테 도전장을 내밀다니, 네가 뭘 모르는구나? 난 물에서 하는 거라면 뭐든 1등 할 자신이 있다고. 게다가 돌멩이라면 자바바라 마을에서도 엄청 많이 잡아 봤다는 말씀!"

"내기는 무슨. 해안에서 예쁜 거 몇 개만 주워서 돌아가도 되잖아. 내가 장갑에 예쁘게 장식해 준다니까."

캔은 물놀이를 하며 시간을 보내고 싶지 않았다. 그런데 이번엔 웬일인지 빠다마저 내기를 적극적으로 거들었다.

"오호, 그럼 내가 심판이 되어 주지. 내가 '멈춰!'라고 할 때까지 잡는 거다!"

"좋아요! 그럼 시~작!"

라세티의 꼼지락 사냥법은 생각만큼 효과적이지 않았다. 발가락 사이사이에 두세 개 이상 끼우기가 힘들었고, 발가락에 힘을 주다 쥐가 나기 일쑤였다.

쿠슬미가 있는 쪽을 슬쩍 보니, 쿠슬미는 촉수를 사용해서 라세티보다 훨씬 많은 속살돌멩이를 줍고 있었다.

"이러다가 진짜 쿠슬미한테 지겠어!"

이 내기에서 졌다가는 탐험 내내 쿠슬미의 놀림을 받을 게 분명했다. 어쩌면 아우레로 무사히 귀환해 영웅이 되고서도 '쿠슬미에게만은 진 아우레의 영웅'이 될지도 몰랐다! 그 경우, 라세티가 위대해질수록 쿠슬미는 자연적으로 더 위대해진다.

"으으, 그건 절대 안 되는데!"

그때 꼬마 네안에나들이 물 밖으로 불쑥 머리를 내밀었다. 꼬마들 품에는 수많은 돌멩이가 안겨 있었다. 라세티가 꼼지락 사냥법으로 주운 것보다 열 배는 많았다.

"얘들아, 그 돌멩이들은 다 어디서 났어? 어떻게 그렇게 많이 주운 거냐고! 비결 좀 알려 줘!"

그러나 오라클을 가진 쿠슬미가 멀찍이 떨어져 있어서 네안에나 꼬마들은 라세티의 말을 알아듣지 못했다.

"쳇, 나더러 스스로 알아내란 거지? 그래, 좋아! 관장님이 관찰도 중요하다고 하셨으니까!"

"그래! 일단 물속에 들어가 보는 거야!"

라세티는 눈을 꼭 감고 더 깊은 바다로 풍덩 뛰어들었다. 그리고 조심스럽게 눈을 떠 보니…….

'우아!'

지구 바다는 탐사대에게 너무나도 신비로웠다. 천재 과학자 빠다에게 바다는 연구 거리가 넘쳐 나는 실험실 같았다.

물과 헤엄을 좋아하는 쿠슬미에게는 재미있는 것이 가득한 놀이터였다.

한편 캔은 주렁주렁 장식을 단 채 얕은 물가에서 열심히 헤엄치는 동료들을 물끄러미 바라보았다.

돌멩이 껍데기를 주워서 동굴 불가에 오밀조밀 모여 앉아다 함께 장식을 예쁘게 꾸밀 생각에 들떠 있던 캔은 난데없는 돌멩이 잡기 내기에 기분이 상해 있었다.

"흥, 이게 뭐냐고! 같이 장갑에 장식 달기로 해 놓고선."

캔은 바다에 들어갈 마음이 추호도 없었다. 바보 같은 잡기 내기를 할 마음은 더더욱 없었다.

그때 무언가가 캔 곁으로 천천히 다가왔다.

풀로 만든 뗏목이었다. 그 위에서 모로가 발장구를 치며 한가롭게 노닐었다.

"모로, 넌 여기서 뭐 해? 네 친구들처럼 돌멩이 안 잡고."

"므엇?"

"또 말이 안 통하네. 에라, 모르겠다. 나도 여기 좀 누울래."

캔은 주렁주렁 몸에 건 장식이 망가지지 않도록 조심하며 뗏목에 올라탔다. 모로 옆에 누워 하늘을 보니, 따사로운 햇빛에 평화로운 파도 소리까지 들려와 저절로 몸이 나른해졌다.

"아~, 여유롭다. 눈 좀 붙일까……."

"슬릅, 슬릅~."

두 친구는 어느새 잠에 빠져들었다.

"멈춰~! 내기 시간이 끝났다!"

빠다의 신호에 라세티가 물을 뚝뚝 흘리며 해변으로 올라왔다. 뿌듯한 표정으로 잡은 속살돌멩이들을 우르르, 바닥에 쏟았다.

"이히, 잠수도 별거 아니네. 어때요, 관장님? 제가 1등이죠?"

잠시 후 나타난 쿠슬미는 빈손이었다.

"쿠슬미, 왜 아무것도 없냐? 포기한 거야?"

"포기라니? 여기 있잖아!"

쿠슬미는 이렇게 말하며 자기 뒤를 가리켰다.

속살돌멩이를 한 아름 안고 동굴로 돌아오니 불이 꺼져 가고 있었다. 네안에나들은 모닥불 주변으로 해체한 괴물의 뼈와 넓적한 돌을 둥글게 쌓아 불이 꺼지지 않도록 바람을 막았다. 후후 입김을 불어 넣으니 다시 불이 활활 타올랐다. 성대한 지구 식량 구이 파티가 열렸다. 모닥불에 올린 속살돌멩이와 고기에서 지글지글 맛있는 소리가 났다.

"자! 먹어라, 친구!"

대장이 먹음직스럽게 익은 커다란 고깃덩어리를 라세티에게 건넸다.

"고마워, 대장."

라세티는 우물우물 신나게 고기를 뜯었다. 쿠슬미도, 빠다도 맛있는 지구 식량 구이를 즐겼다.

식사를 끝내고 모두 여유롭게 쉬는 순간이 왔다. 라세티 눈에 네안에나 대장 몸의 수많은 흉터가 보였다.

"대장, 우리가 돌멩이 잔뜩 잡아 놨으니까 앞으로 위험한 사냥은 그만해."

"상처 매일 난다. 아무렇지도 않다. 사냥은 계속한다."

대장이 씩씩하게 말했지만 라세티는 마음이 아팠다. 거친 환경에서 최선을 다해 사는 두 발 생명체들이 대단해 보였다.

라세티는 대장에게 작은 선물을 주고 싶었다.

7화
빠른바다 괴물의 습격

인피니티 역시 응답하지 않았다.

"가자. 우리가 아우리온을 타고 직접 해안을 살펴보자!"

"우리도 함께 찾는다, 내 아들!"

모로의 가족인 대장과 할머니 네안에나도 따라나섰다.

탐사대와 대장 가족은 아우리온으로 달려갔다. 조종실로 들어가자 아우리온 모니터에 '시스템 점검 중'이라는 문구가 떠 있었다. 그것은 아우리온이 당장 움직일 수 없다는 뜻이었다.

쿠슬미가 흥분해서 말했다.

"아오, 정말! 인피니티 얘는 점검을 왜 이렇게 자주 한대? 우리가 탐사하러 나가면 긴장하면서 대기하고 있어야 할 거 아냐! 언제 무슨 일이 있을지 모르는데."

"인피니티의 행동은 정상이야. 자신이 모시는 주인의 안전이 최우선이니까. 즉, 주인만 안전하다고 판단되면 나머지는 신경 쓰지 않는다는 뜻이지. 지금은 그 대상이 나에서 라세티로 바뀌었을 뿐이다."

빠다의 설명에는 섭섭함이 묻어 있었다.

"들었지, 라세티? 그럼 네가 어서 쟤를 깨워. 지금 인피니티의 주인은 너잖아.

"알았어. 인피니티, 시스템 점검은 멈추고 당장 일어나. 캔을 찾으러 가야 해!"

라세티가 계기판 버튼을 누르며 인피니티를 깨우려 하자, 모니터에 새 경고 문구가 나타났다.

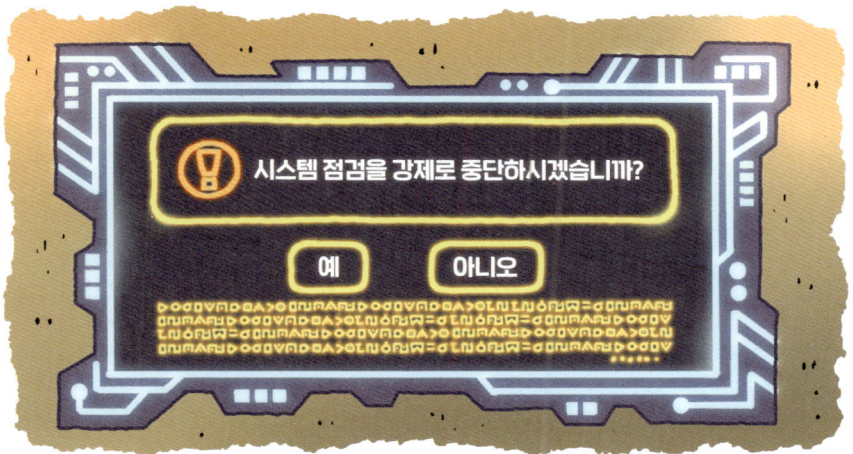

"당연히 '예'지!"

라세티가 강제 종료 버튼을 꾹 눌렀다.

쿠슬미가 걱정스러운 표정을 지었다.

"아래에 글자들이 빼곡하게 적혀 있었는데 읽어 보지도 않고 넘겨 버리면 어떡해?"

"그 많은 글씨를 어느 세월에 읽냐? 한시가 급한데!"

"아우리온처럼 복잡한 기계는 경고문을 잘 읽어야 한다고!"

라세티와 쿠슬미가 실랑이를 벌이는 사이, 인피니티가 점검 모드에서 깨어났다.

"라세티 님, 돌아오셨군요. 무엇을 도와드릴까요?"

"인피니티, 캔이 사라졌어. 캔의 위치를 추적해!"

"현재 신호가 추적되지 않습니다. 마지막으로 신호가 잡힌 곳으로 이동하겠습니다."

아우리온은 먼바다로 나갔다. 탐사대와 네안에나들이 창문에 얼굴을 대고 바다를 샅샅이 살폈다. 그러나 모로와 캔은 보이지 않았다. 멀리서 심상치 않은 구름이 밀려왔다. 바다는 점점 검게 변했다. 파도도 높게 출렁이기 시작했다.

대장이 머리를 쥐어뜯으며 불안한 표정을 지었다.

"빠른바다 괴물 온다. 아들 먹는다!"

"빠른바다 괴물? 그게 뭔데?"

캔은 모든 것을 포기한 채 눈물을 찔끔 흘렸다.

"흑, 이렇게 죽을 줄 알았다면 라세티한테 잔소리 그만 할걸. 쿠슬미한테 비행 실력이 좋다고 칭찬해 줄걸. 관장님이 바보 상태일 때 잘 돌봐 드릴걸……."

캔은 하늘을 보고 누워서 조용히 눈을 감았다.

"라세티, 나 먼저 간다. 내가 죽으면 아우레 역사에 이렇게 기록해 줘라. '똑똑하고 용기 있고 패션 감각 좋은 한 위대한 아우린과 맨날 모르겠다고만 하는 지구 생명체가 지구 깊은 바다에서 영원히 잠들다!'라고. 그들의 이름은……."

"캔! 모로!"

"그래. 캔과 모……, 엥? 이 목소리는?!"

쿠슬미가 몇 번을 시도해도 모니터에는 같은 문구만 떴다.

"좌표 입력이 왜 안 되지?"

그때 인피니티의 목소리가 울렸다.

"아우리온 시스템은 재시작을 위해 곧 종료됩니다. 종료 200초 전, 199초 전, 198초 전⋯⋯."

"뭐? 그게 무슨 소리야? 시스템을 왜 종료해?"

"라세티 님이 그렇게 명령하셨으니까요."

"엥? 내가? 내가 언제?"

인피니티는 라세티가 자신을 깨울 때 모니터에 나타났던 화면을 다시 보여 주었다. 쿠슬미는 그때 라세티가 읽지도 않고 넘겨 버린 모래알만큼 작은 경고 문구들을 차근차근 읽어 내려갔다.

"이래서 내가 경고 문구를 꼼꼼히 확인해야 한다고 했잖아!"

"네가 인피니티를 빨리 깨우라며!"

그러나 누구 탓을 한다고 해결되는 문제가 아니었다. 아우리온이 캔과 모로의 뗏목 같은 처지가 되는 건 시간문제였다.

"비상 착륙이라도 할 수 있으면 좋으련만!"

라세티가 물었다.

"인피니티, 근처에 육지는 없어?"

"전방 13.5km 거리에 대륙이 있습니다. 지금부터 전속력 비행 시 도달 가능성 50%입니다."

전속력 비행! 그 말이 쿠슬미 안의 질주 본능을 자극했다. 쿠슬미는 긴장된 미소를 띠며 조종간을 꼭 그러쥐었다.

"가능성 50%? 좋았어, 아우리온 선장의 힘을 보여 주지!"

비상 착륙한 직후, 인피니티는 폭탄선언을 했다.

"아우리온 전체 시스템이 초기화됩니다. 이후 재시작될 때까지 지구 시간으로 1일 5시간 34초가 소요됩니다. 삐—."

그리고 그 말을 끝으로 사라져 버렸다.

"으, 하루를 꼬박 이곳에서 머물러야 하는 거야?"

네안에나 대장과 가족들은 새로운 땅을 몹시 낯설어했다. 이곳은 네안에나들이 살던 스산한 지역과는 사뭇 달랐다. 공기는 싱그러웠고 바닷물도 적당히 따뜻했다. 해안가에 늘어선 나무들도 저마다 열매를 한가득 달고 있었다.

라세티가 네안에나들에게 말했다.

"얘들아, 지금 우주선이 작동하지 않아서 여기서 조금 머물러야겠어. 그래도 괜찮지? 적어도 여긴 덜 쌀쌀하잖아. 집에는 내일 바래다줄게."

네안에나 대장이 말했다.

"괜찮다. 여기 우리 동굴 찾는다. 너의 집, 너무 빠르다. 어지럽다. 빠른바다 괴물보다 무섭다. 절대 안 들어간다."

대장은 다시는 아우리온을 타고 싶지 않다고 했다. 쿠슬미의 전속력 비행에 놀란 모양이었다.

"그냥 여기서 살겠다고? 그럼 이 라세티 님이 책임지고 너희에게 딱 맞는 좋은 집을 찾아 줄게. 믿어 보라고!"

탐사대와 네안에나들은 새로운 집을 찾기 위해 걷고, 걷고, 또 걸었다. 그러면서 우거진 숲도 보고, 모래만 잔뜩 있는 땅도 보고, 넓은 들판에도 갔다. 하지만……

시간이 바람처럼 흘러, 아우리온은 시스템 초기화를 끝내고 다시 정상으로 돌아왔다. 그러나 일행은 네안에나들이 살 곳을 아직도 찾지 못했다.

"대장, 이곳이 마음에 안 들면 다시 원래 집으로 돌아가자."

대장은 단호하게 고개를 저었다.

"아니다. 우리가 살 곳 우리가 찾는다. 여기, 우리의 새로운 집 있다."

새로운 땅에서 새 보금자리를 찾으려는 강한 열정이 네안에나들의 눈에 이글거렸다.

"그래, 네 생각이 그렇다면야. 너희 다음에 쏙 드는 곳을 꼭 찾길 바라."

아우린들은 네안에나들의 결심을 진심으로 응원했다.

캔도 모로 어깨를 툭 치며 작별을 고했다.

"야, 모로! 너랑 난 죽음의 위기를 함께 극복한 전우인 거 잊지 마! 잘 있어라! 코 좀 그만 파고!"

모로가 손가락을 코에 꽂은 채로 씨익 웃었다. 그 모습을 본 캔이 외쳤다.

"아무래도 지구 역사에 이렇게 기록해야겠어. '모르겠어코 딱지, 여기서까지 코만 파다! 이곳의 이름은 모, 로, 코!'라고!"

"오! 그거 좋은데? 인피니티, 이거 기록해 둬!"

그렇게 또 하나의 기발한 이름이 탄생했다.

라세티의 탐사일지

너희도 봤어? 하늘에 떠 있던 우주선 말이야!

분명 아우리온이었지?

하지만 아우리온은 내 옆에 있는데….

으아아, 도대체 뭐가 어떻게 돌아가는 거냐고~!

아무래도 우리 모험을 차근차근 되짚어 보면서

이게 무슨 일인지 알아나야겠어.

자바바라, 그러니까 자바 원인들과 작별한 뒤,

우리는 지구 반의반 바퀴를 돌아 서쪽의 어느 쌀쌀한 지역에 도착했어.

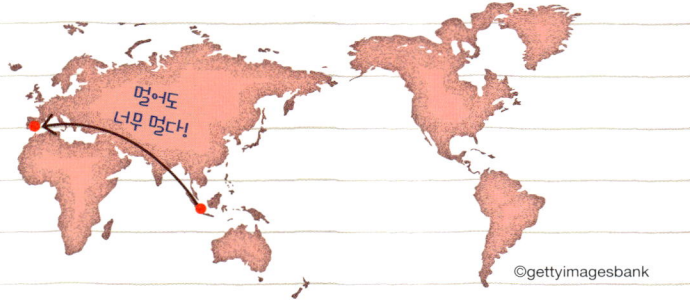

위험도 높음 ●●●●○

오록스는 검은색 털과 앞으로 뻗은 뿔이 매력적인 초식 동물이야. 얘들이 언제부터 지구에 살았는지는 모르지만, 아주 오랜 시간 다른 지구 생명체들과 조화롭게 살아왔어.

©Jaap Rouwenhorst / WikimediaCommons

오록스는 발굽에서 어깨까지의 높이가 1.5~1.8m에 이르고, 80cm 정도의 기다란 뿔을 가졌어. 이 뿔에 받히는 걸 상상만 해도…, 윽! 오록스를 사냥하러 나갔던 네안데르탈인들이 여기저기 다친 것도 이해가 가.

위험도 아주 높음 ●●●●●

동굴곰은 두 발로 섰을 때의 키가 무려 3.5m나 되는, 아주 커다란 동물이야. 거친 먹이를 뜯어 먹기 위해서 커다랗게 진화한 이빨이 정말 괴물 같지 뭐야? 동굴곰은 추운 겨울이 다가오면 동굴에서 겨울잠을 자는데, 동굴을 차지하기 위해서 네안데르탈인뿐만 아니라 다른 맹수들과도 싸움을 벌였대. 목숨을 소중히 생각한다면, 동굴에 들어가기 전에 꼭 안에 동굴곰이 있지는 않은지부터 확인하라고!

위험도 낮음 ●○○○○

이번엔 지구 바다 삼총사를 소개해 줄게.
(이 셋은 너희가 찾을 수 있어!)

빠다 관장님을 똑 닮은 **군소**는 귀처럼 보이는
뿔 때문에 '바다의 토끼'라고도 불려.
그런데 이 뿔은 사실 귀가 아니라, 촉각과 후각을
느끼는 '후각 돌기'라는 사실! 이 더듬이로 앞을 더듬어서
먹이인 해초를 찾다가, 위협을 느끼면 보라색 독을 찍! 발사한다고.

이 부분이 후각 돌기.
©Columbia University / WikimediaCommons

바다거북은 북극해를 제외한 지구의 온 바다에서
볼 수 있어. 바다거북의 등딱지는 상어의 공격도 막아
낼 정도로 튼튼해서 바다 생활에 안성맞춤이지!
반대로 육지는 바다거북에게 아주 위험한 곳이야.
중력이 강한 물 밖에서는 자기 체중에 몸속이 짓눌리거든. 그래서 육지에 올라가
알을 낳는 건 바다거북에게는 목숨을 걸어야 할 만큼 위험한 일이래.

바다를 아름답게 물들여 주는 **말미잘**도 있어!
말미잘의 독 촉수는 공포의 대상이지만,
몇몇 동물들에겐 아주 고마운 존재지.
말미잘을 들고 다니며 무기로 쓰는 가는손부채게,
말미잘 틈을 집으로 삼는 흰동가리처럼 말이야.
이들은 말미잘의 보호를 받는 대신, 말미잘의
먹이 활동을 도와주는 '공생 관계'야.

말미잘 속에 숨은 흰동가리. 어디 있게~?

©Gettyimageskorea

호모 네안데르탈렌시스

별칭: 네안데르탈인

만난 시기: 20만 년 전   뇌 용적: 약 1,600cc

우리가 네안에나, 아니 **네안데르탈인**을 만난 곳은 정말 거칠었어. 차가운 바람, 깎아지르는 절벽, 세차게 치는 파도까지 말이야. 그런 환경에서 살아남기 위해 네안데르탈인은 이런 강한 신체를 가지게 됐어.

네안데르탈인의 몸

- 큰 눈으로 작은 움직임도 재빠르게 포착해!
- 햇빛이 약하니 멜라닌 색소가 적어서 피부색도 밝지.
- 차가운 공기도 금세 데우는 큰 코와 숨을 크게 들이쉴 수 있는 넓은 가슴을 가졌어.
- 최강 사냥꾼다운 멋진 근육질 몸매지?

이 정도의 신체를 유지하려면 정말 많은 에너지가 필요했을 거야. 특히 열량이 높은 고기는 필수 식량이지! 그래서 네안데르탈인은 이전 두 발 생명체보다 훌륭한 사냥꾼으로 진화해야 했어. 고기를 대체할 자원이 부족한 환경에서 최대한 많은 고기를 얻으려면 거대 동물들을 사냥할 수밖에 없으니까!

더욱 놀라웠던 건 바로 그들의 뇌야.

네안데르탈인의 뇌 용적은 1,600cc나 돼!

호모 에렉투스의 1.5배, 호모 하빌리스의 2.5배, 루시의 3.5배 수준이란 말이지.
게다가 인피니티가 예측한 쿠 종족의 뇌보다도 크다고 하니, 정말 놀랍지 않아?
뇌 구조도 쿠 데이터와 비교해 봤는데, 눈에 띄는 차이가 있더라고.

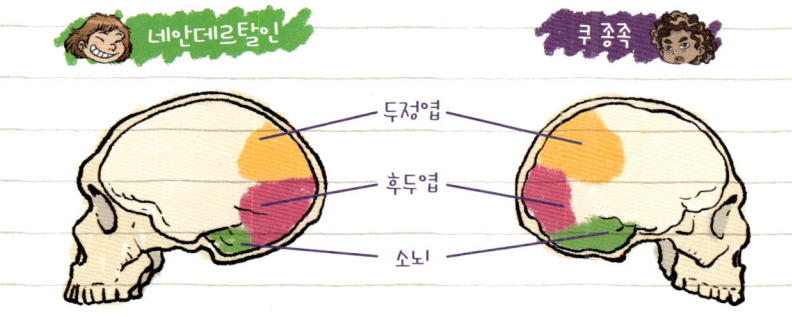

네안데르탈인은 쿠 종족보다 **두정엽과 소뇌가 작아.**
특히 이들의 소뇌는 쿠 종족의 8분의 1 수준이지.
소뇌는 뇌의 다른 부분과 상호 작용 하며 언어 능력과 사회성에 관여하는데,
이건 네안데르탈인이 쿠 종족에 비해서 사회성이 떨어졌을 수도 있다는 뜻이야.
대신 네안데르탈인은 큰 눈으로 많은 시각 정보를 받아들일 수 있었대.
내 생각엔 시각 능력을 담당하는 **후두엽이 큰 게 관련 있는 것 같아.**

하지만 이건 어디까지나 추론일 뿐!
뇌 부위의 크기가 능력의 수준을 100% 결정하는 건 아니야.
둘의 진짜 차이는 쿠를 만나 봐야 알 수 있겠지?

둘의 비교는 앞으로 더 자세히 해 봐야겠는걸!

이번엔 네안데르탈인의 행동을 되짚어 볼까?

죽은 동료를 땅에 묻다

우리는 이들이 죽은 동료를 도구나 꽃과 함께 묻는 모습을 지켜봤어.
죽은 동료를 땅에 매장한 이유는 뭐였을까?
쿠슬미는 그저 시신의 부패에 대비한
거라고 했지만, 나는 사후 세계를 믿어서
한 종교적 행동이었을 거라고 봐.
뭐가 정답인지는 관장님도 확실히
알 수 없다고 하셨지만 말이야.
너희 생각은 어때?

프랑스 라샤펠오생에서 찾은 네안데르탈인 무덤이야.

아름다운 장신구

아무래도 네안데르탈인들은 꾸미기에 관심이 많았던 것 같아.
네안데르탈인 유적에서는 장신구 유물이 꾸준히 발견되거든.
이들은 새 깃털로 몸을 장식하고, 조개껍데기나 동물의 발톱,
뼈 등으로 장신구를 만들어 착용했어. 게다가 붉은 염료로
장신구에 자신만의 특별한 무늬를 새기고, 보디 페인팅을
하는 경우도 있었다나?

조개껍데기를 붉게 칠하니 정말 멋있지?

자연스럽게 장신구를 만드는 도구도 발달했지!
가죽 가공 도구인 '리수아'는 네안데르탈인의 소중한
유산이야!

동물 뼈 리수아는 가죽을 매끄럽게 펴는 데 필수!

타고난 사냥꾼들

네안데르탈인들은 정말 대단한 사냥꾼이야.
힘도 세고, 이전 두 발 생명체들보다 훨씬 뛰어난 무기를 갖추고 있었거든.
그건 바로 나무창! **길고 뾰족한 나무창**만 있으면, 아무리 거대한 동물도
사냥할 수 있었지. 자작나무를 불에 태울 때 나오는 진액을 접착제 삼아,
창끝에 돌촉을 붙여서 공격력을 높이기도 했다고!
하지만 거대 동물 사냥은 여전히 위험했고, 사냥 중 다치는 일도 많았어.
그럴 때는 튼튼한 나뭇가지로 부러진 뼈를 고정하고, 캐모마일처럼
진통 효과가 있는 식물을 먹어서 **상처를 스스로 치료했어.**
이럴 때 보면 두 발 생명체도 아우린만큼 똑똑한 것 같다니까.

긴 창으로 그 큰 동물을 잡은 거야.

©Axel Hindemith / WikimediaCommons

바다에서도 능수능란!

네안데르탈인들의 뛰어난 능력은 바닷속에서도
확인할 수 있었어.
**얘들은 바닷속을 잠수해서 깊은
물 속의 생물도 잡을 수 있었거든!**
네안데르탈인 유적에서 바다 깊은 곳에서만
볼 수 있는 조개가 무더기로 발견된 게
그 증거야. 물속에서 직접 가져온 게 아니라면 그게 어떻게 육지에 있겠어?

그리고 진짜 특종! 네안데르탈인은
**풀로 만든 뗏목을 타고
바다를 건너기도 했대.**
이들이 뗏목을 타고 간 곳은
어디였을까?

지금까지 만난 그 어떤 두 발 생명체보다 강력한 사냥꾼인 네안데르탈인!
그들과의 만남은 정말 충격적이었어.
우리가 쿠가 사는 시대를 지나쳐 왔을 수도 있다는 걸 알게 되었으니까 말이야.

빠다 관장님 말로는, 네안데르탈인들의 뇌가 더 크니 쿠는 더 과거에 있을 거래.
그런데… 뇌가 큰 게 꼭 좋기만 한 일일까?
그리고 뇌의 크기와 사는 시대는 꼭 연관이 있는 걸까?

아직은 그 답을 모르겠지만, 쿠를 만나 보면 알 수 있겠지!
곧 쿠를 만날 수 있을 거라고 생각하니, 정말 기대되는걸?

☆　　☆　　☆

그나저나 진짜 큰일은 아우리온과 똑같이 생긴 저 우주선이야!
저기엔 도대체 누가 타고 있는 거지?
설마 풍야쿵 장군이 벌써 쿠를 데리고 아우레트 가고 있는 건 아니겠지?!

으악, 그러면 이러고 있을 시간이 없잖아!
우주선이 멀리 사라져 버리기 전에 빨리 잡으러 가야겠어.
기다려, 아우레 최고 데굴데굴 빨리 구르기 선수의 실력을 보여 줄 테니까.
내가 방귀 뀌기만 잘하는 건 아니라고.

그럼 얘들아, 우리 다음에 또 보자!

☆　　☆　　☆

모두 우주선을 향해 달려어어어~!

정재승의 인류 탐험 보고서
5 용감한 전사 네안데르탈인

글 차유진 정재승
그림 김현민
감수 백두성
사진 getty images bank, Wikimedia Commons

1판 1쇄 인쇄 2022년 12월 14일
1판 1쇄 발행 2022년 12월 29일

펴낸이 김영곤
융합1본부장 문영 기획개발 정유나 융합1팀 이신지 오경은 디자인 한성미
아동마케팅영업본부장 변유경 아동영업팀 한충희 강경남 오은희 김규희
아동마케팅1팀 김영남 황혜선 이규림 황성진 아동마케팅2팀 임동렬 이해림 안정현
제작 이영민 권경민

펴낸곳 ㈜북이십일 아울북
출판등록 2000년 5월 6일 제406-2003-061호
주소 (10881) 경기도 파주시 회동길 201(문발동)
대표전화 031-955-2100 팩스 031-955-2177
홈페이지 www.book21.com

ⓒ 정재승·김현민·차유진, 2022
이 책을 무단 복사·복제·전재하는 것은 저작권법에 저촉됩니다.

ISBN 978-89-509-9654-3 74400
ISBN 978-89-509-9649-9 74400 (세트)

책값은 뒤표지에 있습니다.
잘못 만들어진 책은 구입하신 서점에서 교환해 드립니다.

• 제조자명 : ㈜북이십일
• 주소 및 전화번호 : 경기도 파주시 문발동 회동길 201(문발동) / 031-955-2100
• 제조연월 : 2022.12.29.
• 제조국명 : 대한민국
• 사용연령 : 3세 이상 어린이 제품

너와 나, 우리들의 마음을 이해하게 도와줄
첫 번째 뇌과학 이야기
정재승의 인간 탐구 보고서 (1~10권)

❶ 인간은 외모에 집착한다
❷ 인간의 기억력은 형편없다
❸ 인간의 감정은 롤러코스터다
❹ 사춘기 땐 우리 모두 외계인
❺ 인간의 감각은 화려한 착각이다
❻ 성은 우리를 다르게 만든다
❼ 인간은 타고난 거짓말쟁이다
❽ 불안이 온갖 미신을 만든다
❾ 인간의 선택은 엉망진창이다
❿ 공감은 마음을 연결하는 통로

인류의 과거와 현재를 이어 줄
아우리들의 시간 여행!
정재승의 인류 탐험 보고서 (1~5권)

오래전 호미닌들이 걸어온
발자국을 따라, 고대의 시간을
탐험해 보세요!

❶ 위대한 모험의 시작
❷ 루시를 만나다
❸ 달려라, 호모 에렉투스!
❹ 화산섬의 호모 에렉투스
❺ 용감한 전사 네안데르탈인